低学年

子どもの喜ぶ

国語クイズ&パズル&ゲーム

田中清之助 著

黎明書房

はじめに

学習を子どもの要求に応えて、いきいきと興味のあるものにくふうしていこうという試みは、時代のすう勢であり、学校を中心に、教育界の各方面でさまざまな試みがなされています。本書『子どもの喜ぶ国語クイズ&パズル&ゲーム・低学年』は、そうした試みの一つとして、楽しい遊びを通して、自然なかたちで考える力を伸ばし、知らず知らずの間に学習内容の定着をはかることを目指して書かれたものです。

本書を書くにあたり、クイズ、パズルの出題は、言語では、文字、語と文、句読点、品詞、語句の意味と使い方、主述、反対語や対照語を扱い、とくに漢字の定着に配慮しました。表現と理解に関しては、作文や読解の基礎となる事項に重点をおき、さらに、伝承や民話、世界名作等、読書へのいざないに役立つ設問も加味しました。

ゲームについては、重点を「聞くこと・話すこと」の領域におき、音声言語の技能を高める活動に内容をしぼりました。出題は、かつて、著者が編纂にたずさわった小学校国語教科書に一、二年用教材として収載され、たずねたり答えたり、内容の聞きとり、はっきりした発音等、全国で実践され話しことばを伸ばすうえで学習効果が高いと評されたものから選んでのせました。

問題の構成に際しては、できるかぎり、ワークやドリル等に見られる「勉強型」にならないよう配慮し、先生方や親御さんがご覧になるほか、直接お子さん方が読んで遊べるよう、質問文のよびかけには、学年相応のやさしい表現と文字を用いました。

本書のほかに、中・高学年編、また、同じシリーズの他教科の本も広く利用され、子どもたちが楽しみながら学習の成果を上げてくれれば、これにこした喜びはありません。

なお、本書は、先に「指導者の手帖」第97巻として出版されたものを、判型を大きくし読みやすくしたものです。末永いご愛読を、お願いいたします。

田中清之助

もくじ

1 一文字《ひともじ》クイズ

【先生・お母さんへ】一年生の国語は、物とその名称と文字の三つを結びつけることから始めます。指さして声に出して読ませることをくり返しましょう。

❖一文字クイズ

ひらがな　ひとつで　ものの　名《な》まえに　なる　ものが　あります。□の　①から　⑦の　中《なか》には　どんな　ひらがな　はいりますか。下《した》の　中から　えらびましょう。

め　は　て　え　ゆ

こたえ

①…ゆ　②…は　③…え　④…て　⑤…め

❖一文字ことばの　なぞなぞ　下の　かこみから　えらびましょう。

①たべものを　こなす　おなかの　ふくろは？

②ブーンと　とんできて　さされると　かゆい。

③のびたから　早《はや》く　とこやで　かって　おいで。

④おりょうりに　入《い》れる。入れすぎると、ああ、すっぱい！

⑤十より　一つ　すくない　かずは？

⑥ころんで　ひざを　すりむくと　でる　ものは？

⑦さかなとりの　じょうずな　くろい　とりは？

⑧おたまじゃくしは　なまずの　まご？　それとも　かえるの？

⑨からだの　まえは　おなか。うしろは　なんだろう。

⑩もんしろちょうが　とまった　はたけに　さく　花《はな》は？

う　け　く　こ　な　い　せ　す　ち　か

こたえ

①…い　②…か　③…け　④…す　⑤…く（九）　⑥…ち　⑦…う　⑧…こ　⑨…せ

⑩…な

●ひらがな語い　一年

2 一字《じ》かえあそび

【先生・お母さんへ】ひらがなの一字を変えて、次々に別の語を作る遊びです。絵やヒントをもとに推理する力を伸ばし、語いを拡充させるのに役立ちます。

一字かえあそびを　しましょう。上《うえ》から　じゅんばんに　一字だけ　かえて　べつの
ことばを　つくって　いきます。やじるしは　おなじ　字を　むすんで　いますよ。

れい　えを　見《み》て　かんがえてね。では、スタート！

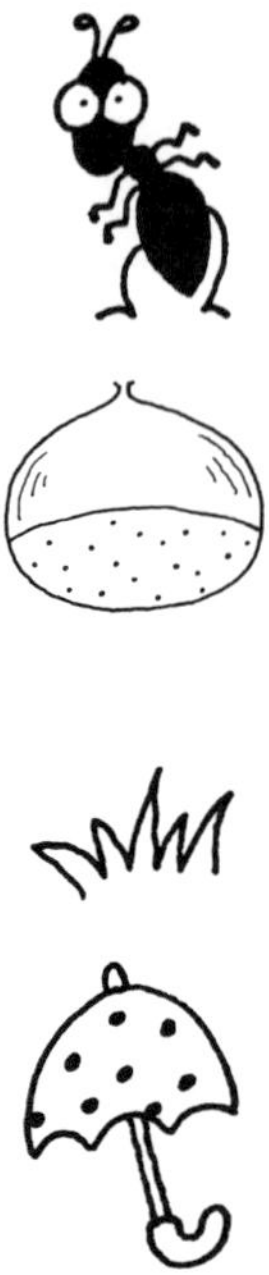

り	り	さ	さ
あ	く	く	か

り ⇩ り、く ⇩ く、さ ⇩ さ

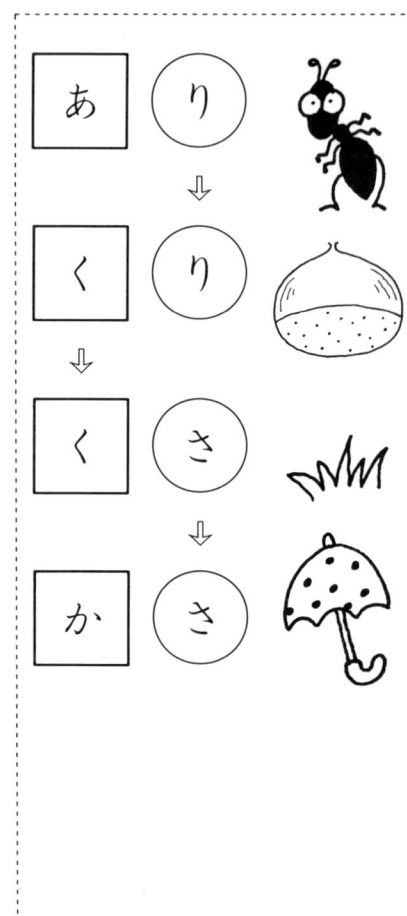

こんどは　ヒントを　よんで　かんがえよう。

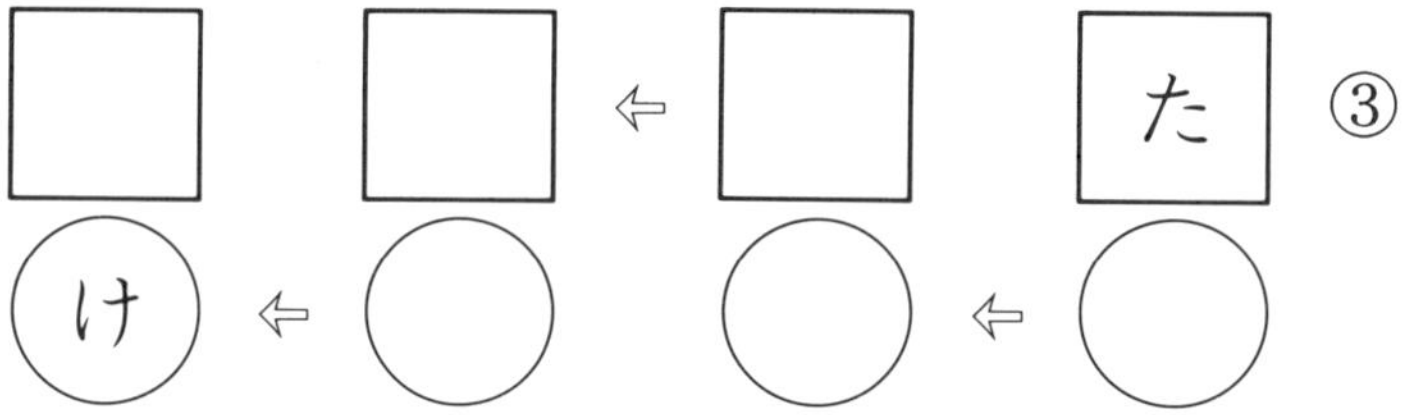

お正月《しょうがつ》の　空《そら》で　かぜに　のって　ダンス。

ふたと　そこが　あって　ものを　いれます。

ペンキを　ぬるのに　つかう　どうぐ。

こいや　金《きん》ぎょが　あそんで　いるよ。

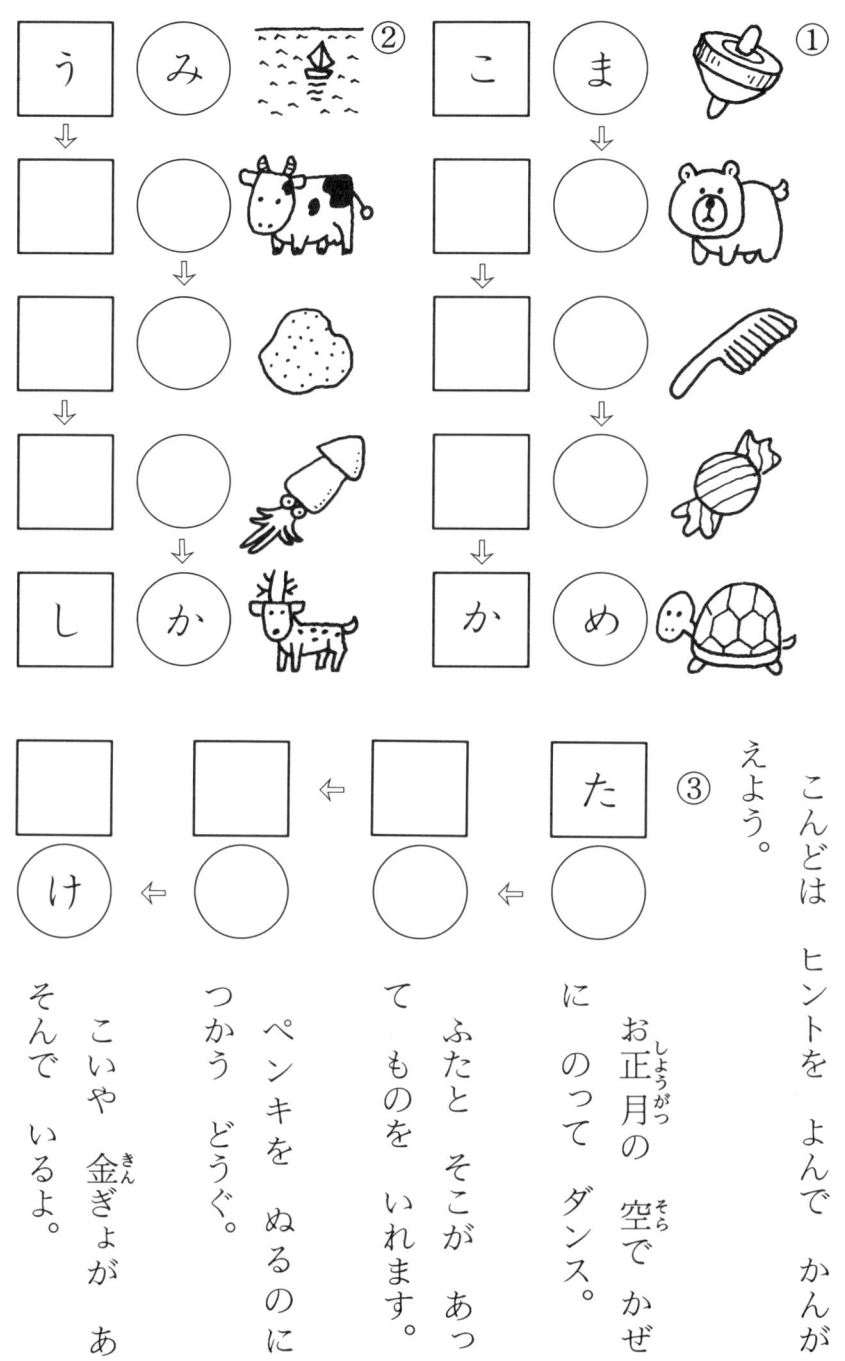

④

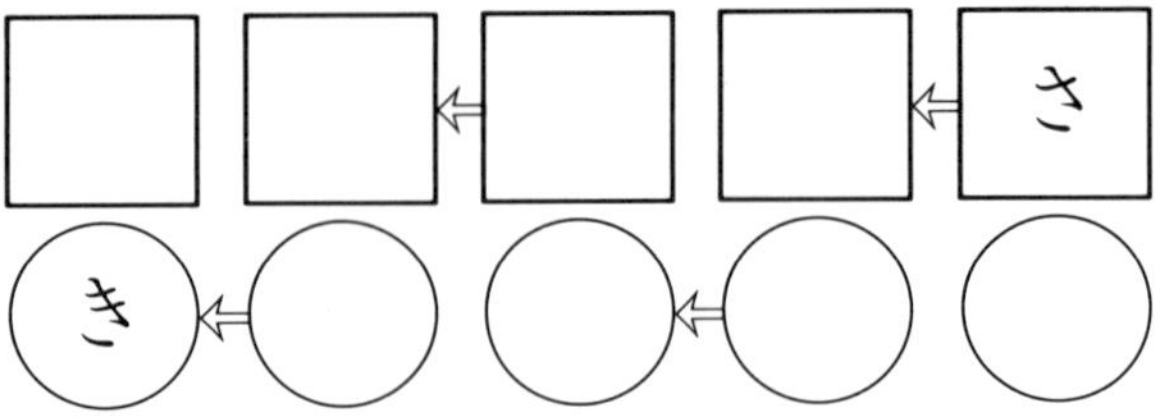

ももたろうの　二ばん
めの　けらいに　なった。
はなさきに　つのの
ある　どうぶつ。
　はまぐり、あさり、し
じみ、さざえ　などは？
　かにが　にぎりめしを
かえたのは　この　たね。
　つりざおの　糸《いと》の　と
ちゅうに　つけます。

⑤

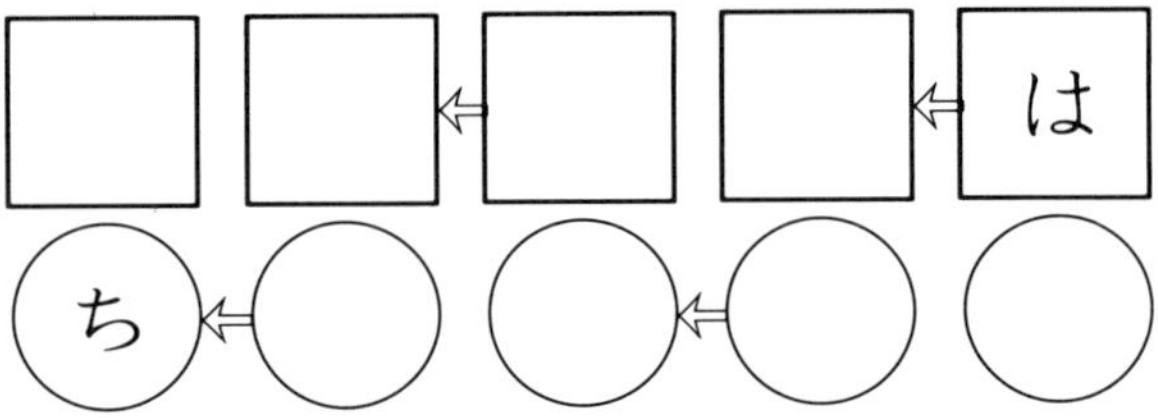

　とけいの　まどから　かお
を　出《だ》して　ポッポー。
　糸を　とおして　ママが
ぬいものに　つかいます。
　テンテンテンと　ついて
あそびましょう。
　いえが　たくさん　あって
人《ひと》が　すんでいる　ところ。
　花《はな》の　みつを　あつめて、
おしりに　はりが　ある虫《むし》。

こたえ　①…こま→くま→くし→かし→かめ　②…うみ→うし→いし→いか→しか
③…たこ→はこ→はけ→いけ　④…さる→さい→かい→かき→うき　⑤…はと→はり
→まり→まち→はち

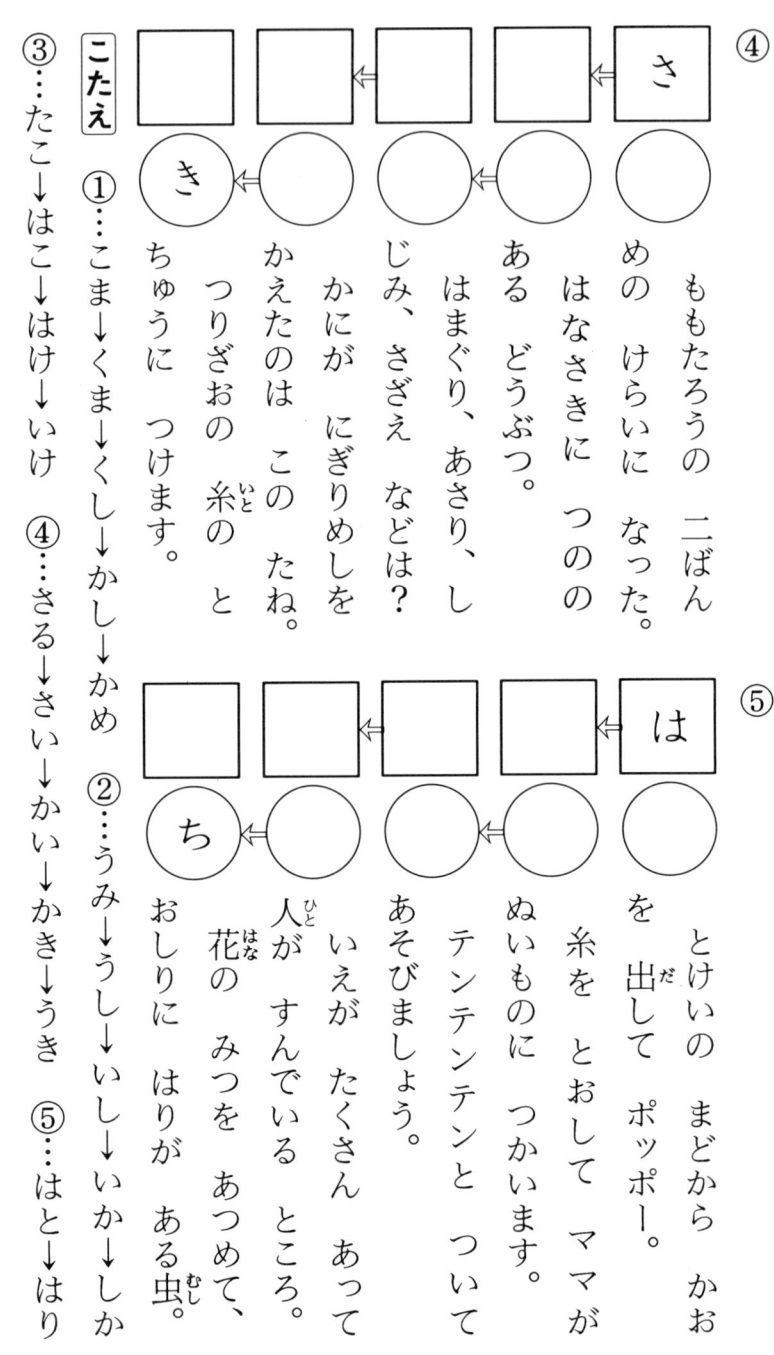

●ひらがな語い　一年

3 なぞなぞ「え」クイズ

【先生・お母さんへ】物の一部分を拡大した図を見て推理する遊びです。観察力を伸ばし、語い力や書字力を高めます。子どもたちも大喜びするでしょう。

あるものの　ぶぶんを　大《おお》きく　のばして　みました。

さて、なんの　えかな。わかったら　□の　中に　名《な》まえを　かいてみよう。

①　|で|□|□|

プルルルル
「もしもし…」

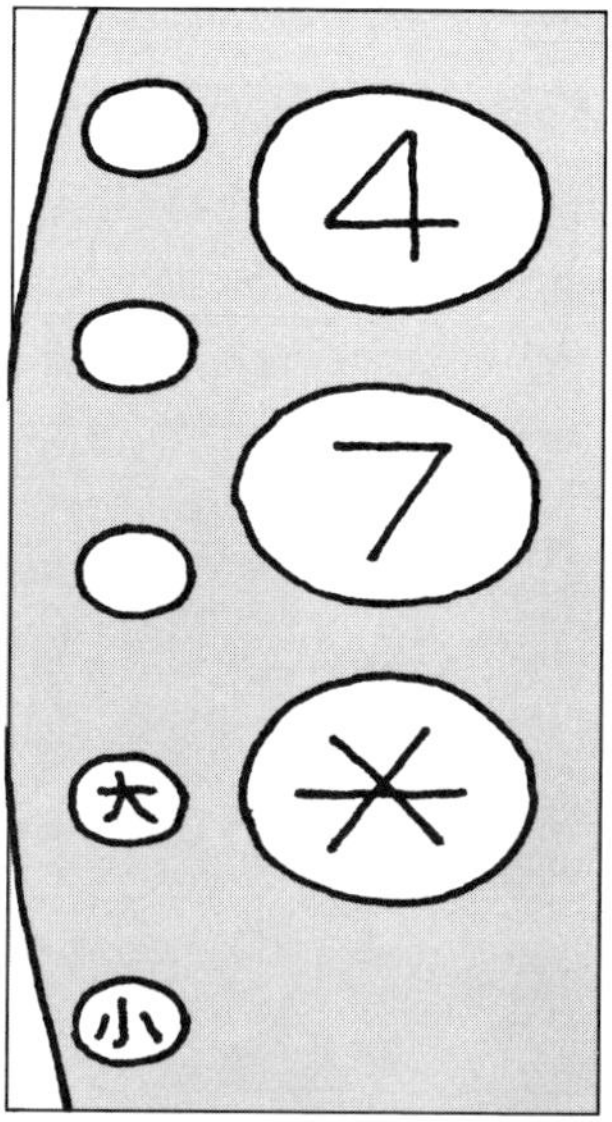

②　|□|さ|□|

かみを　チョキン！

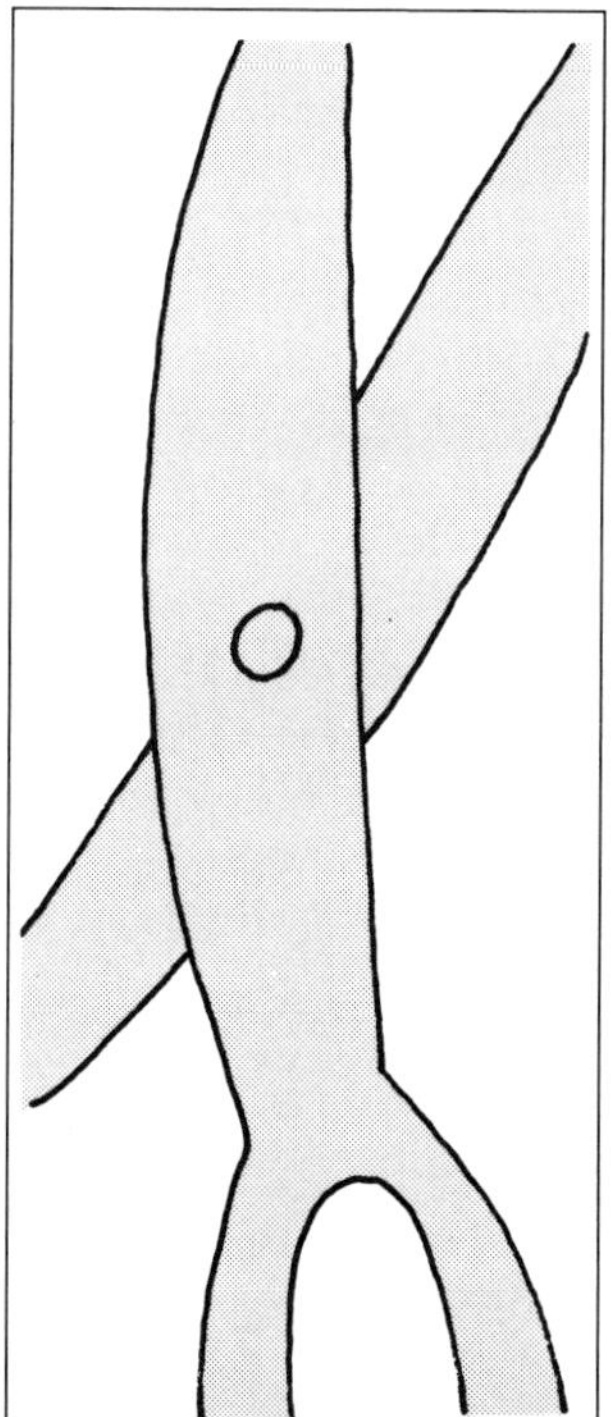

④

の			り

だいくどうぐ

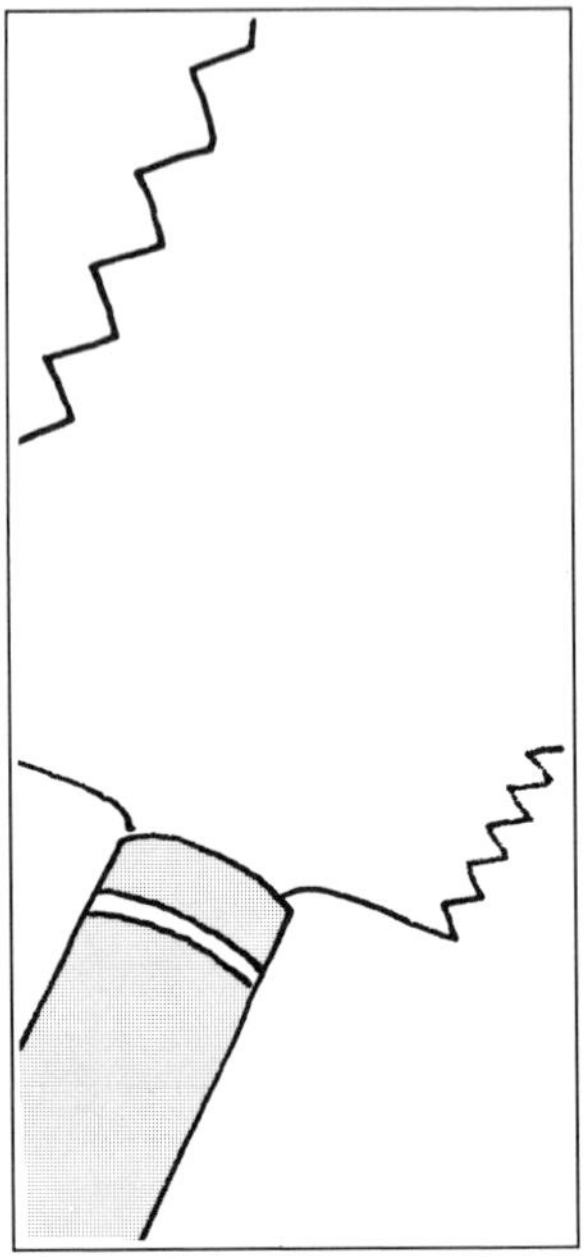

⑤

す		ど	

手《て》を　あらおう

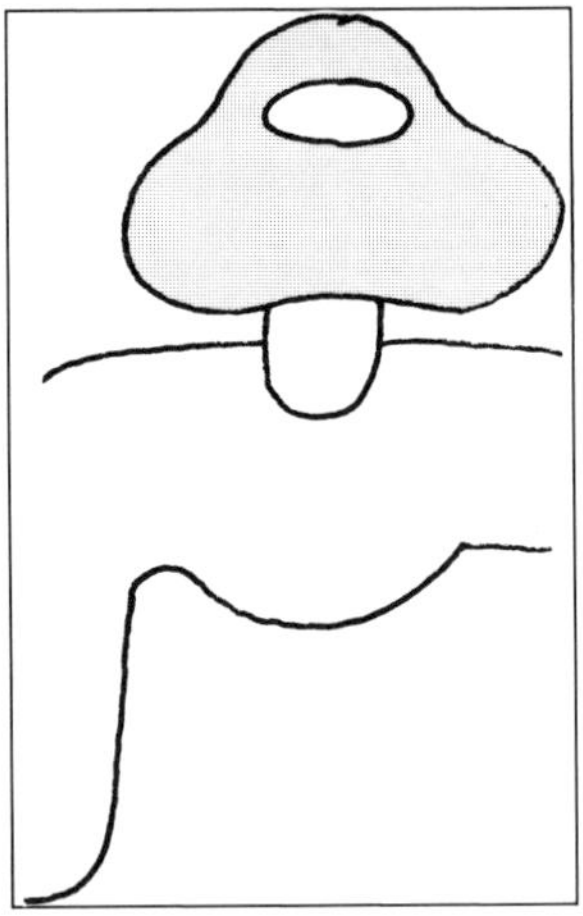

⑥　こんどは　ヒントを　よみながら　かんがえましょう。

はねが　あって　かぜで　くるくる　まわる　おもちゃです。

	ざ	ぐ		ま

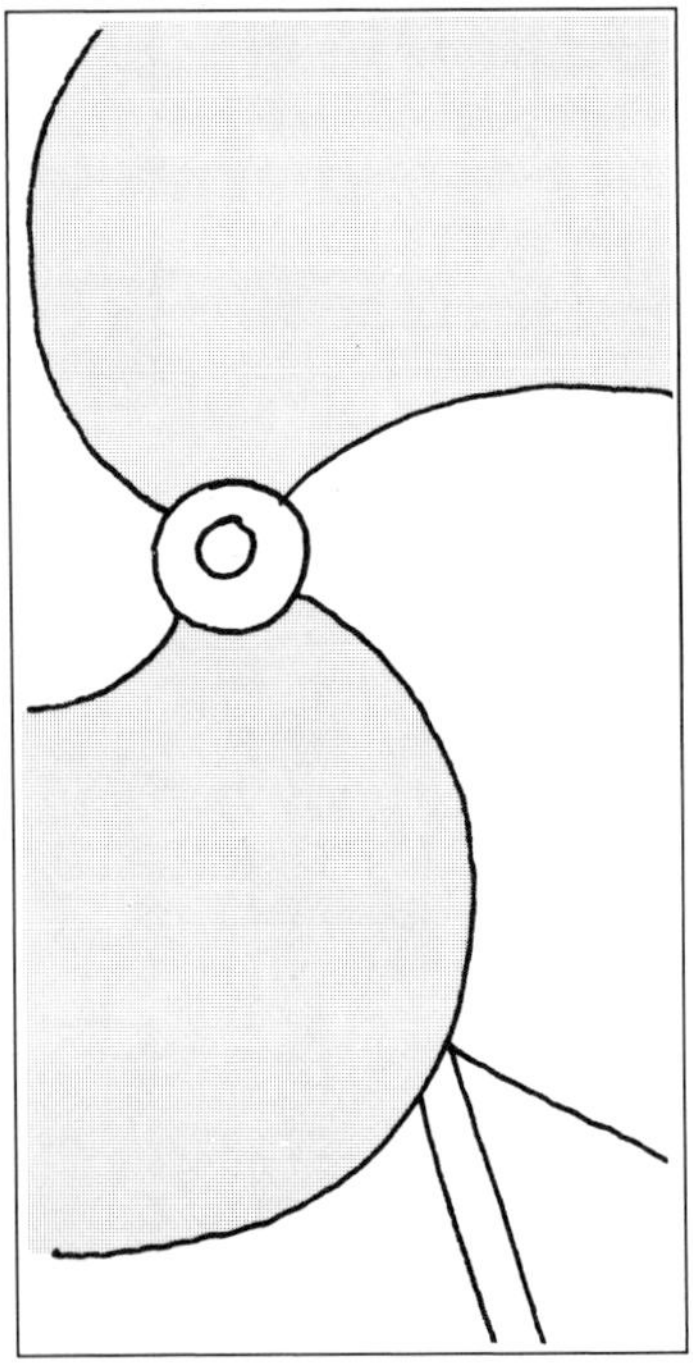

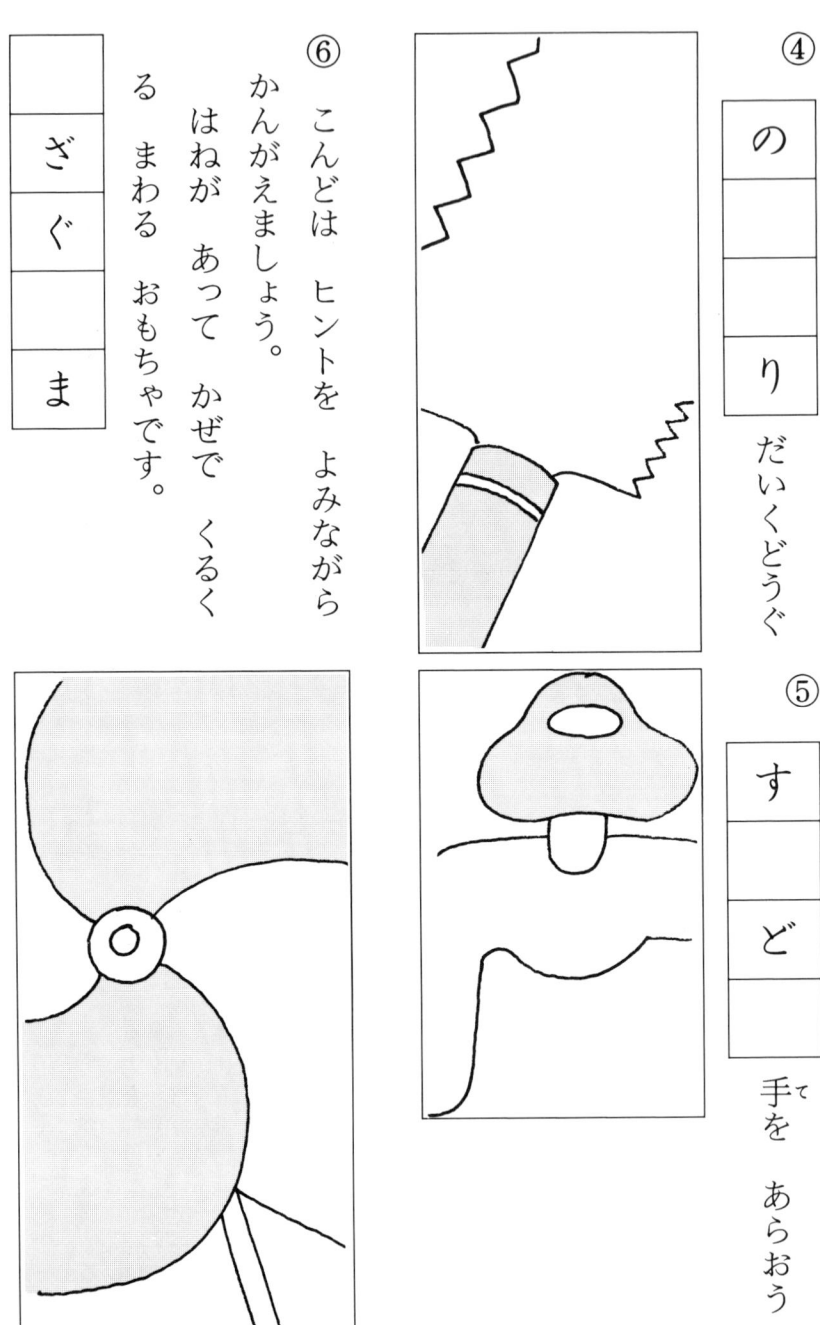

⑥ 大きな つのが あって つよく
て かっこいい こん虫《ちゅう》です。

□ぶ□□し

⑦「あーした 天気《てんき》に なあれ」。えんそく
の 日《ひ》の まえに、ハンカチで つくるね。

□る□るぼ□□

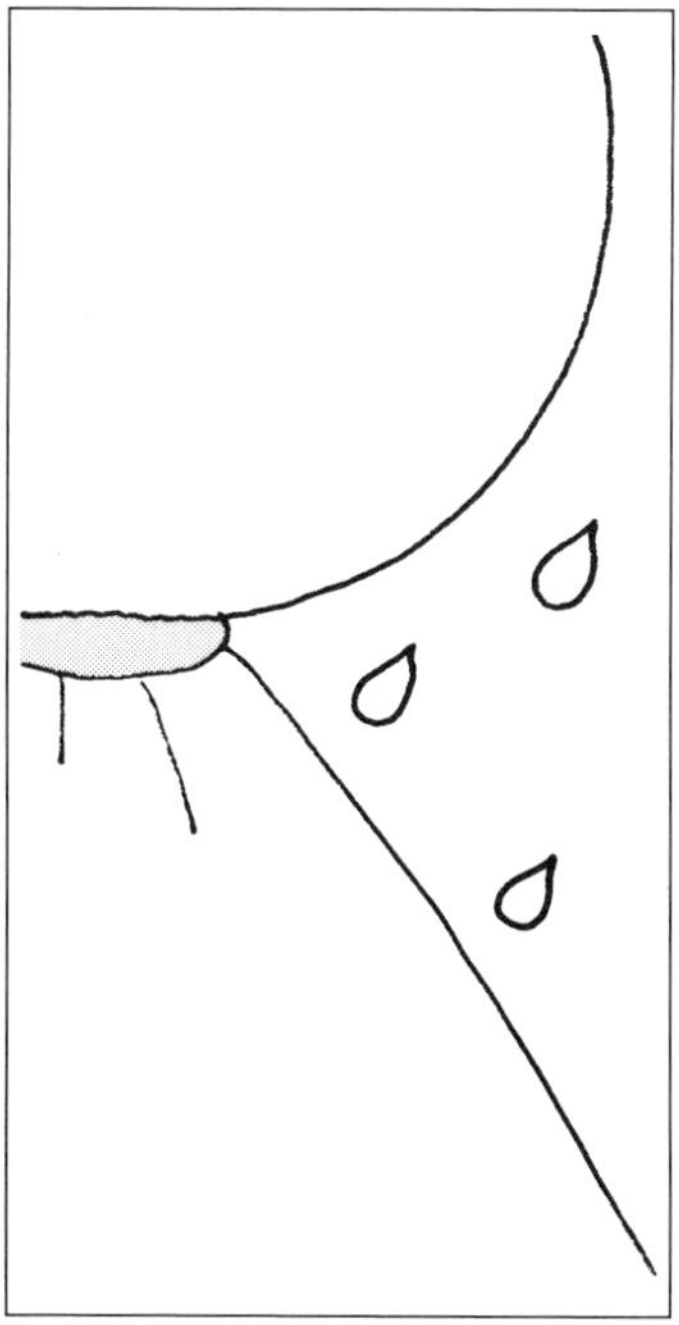

こたえ

①…でんわ ②…はさみ ③…のこぎり ④…すいどう ⑤…かざぐるま
⑥…かぶとむし ⑦…てるてるぼうず

●語いを増やす　一年

4 ひらがなクロスワードパズル

【先生・お母さんへ】具体物（絵）と言語とを結びつけ、それを文字に表す力を伸ばす、一年生の基礎練習です。縦書きと横書き、両方の表記にも慣れさせましょう。

❖クロスワードパズル①

①

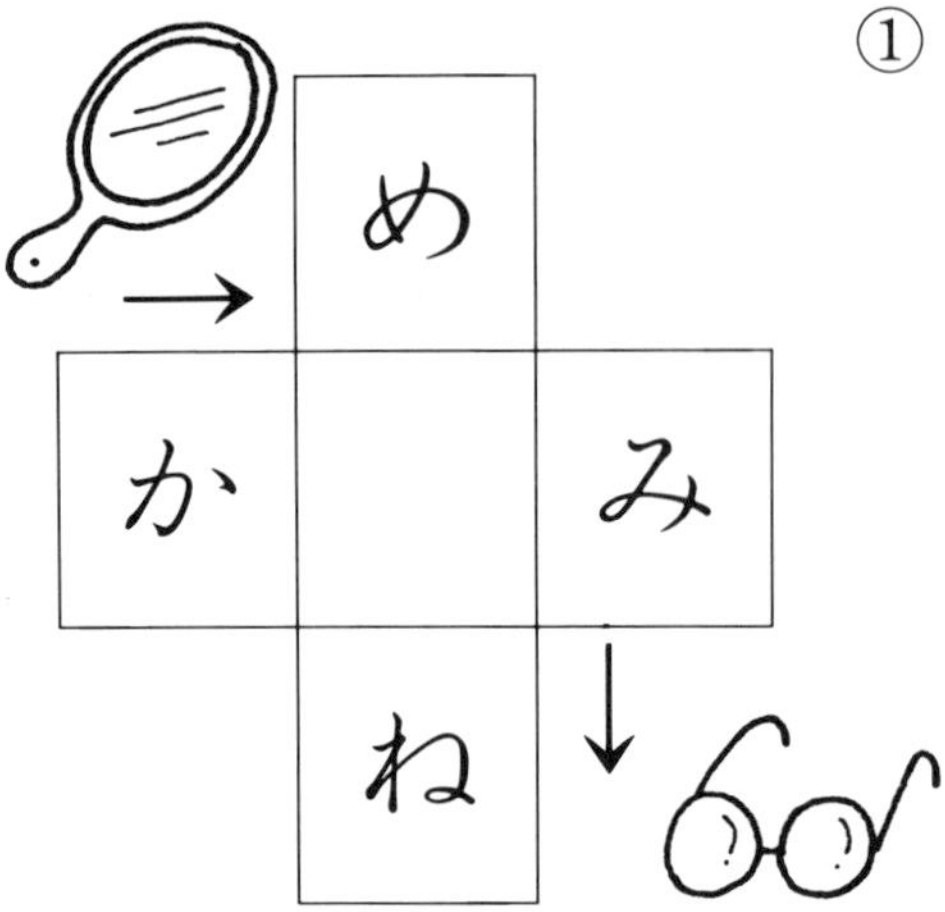

②

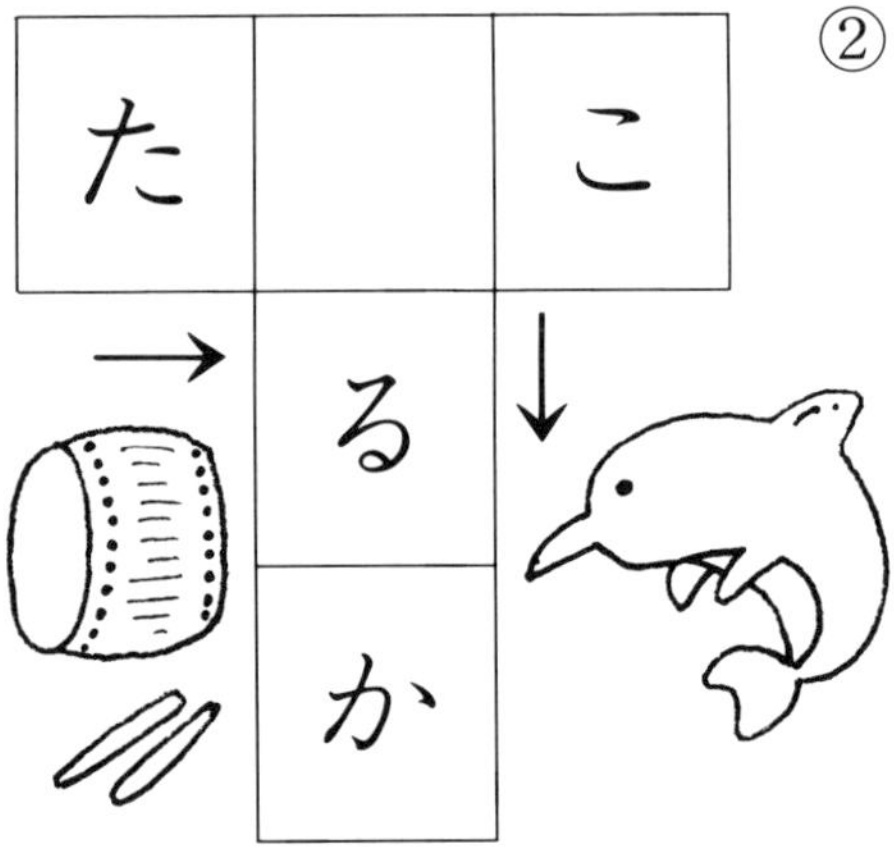

⑤

	く	
		く

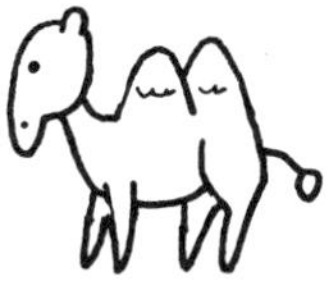

③

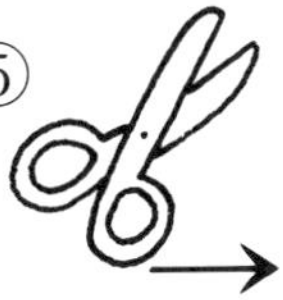

	う	
は		み
	ぎ	

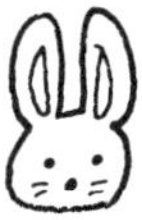

④

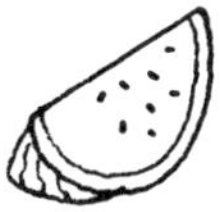

	い	
		し

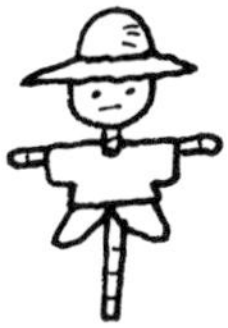

こたえ

①

	め	
か	が	み
	ね	

②

た	い	こ
	る	
	か	

③

	う	
は	さ	み
	ぎ	

④

	す	
	い	
か	か	し

⑤

さ	く	ら
		く
		だ

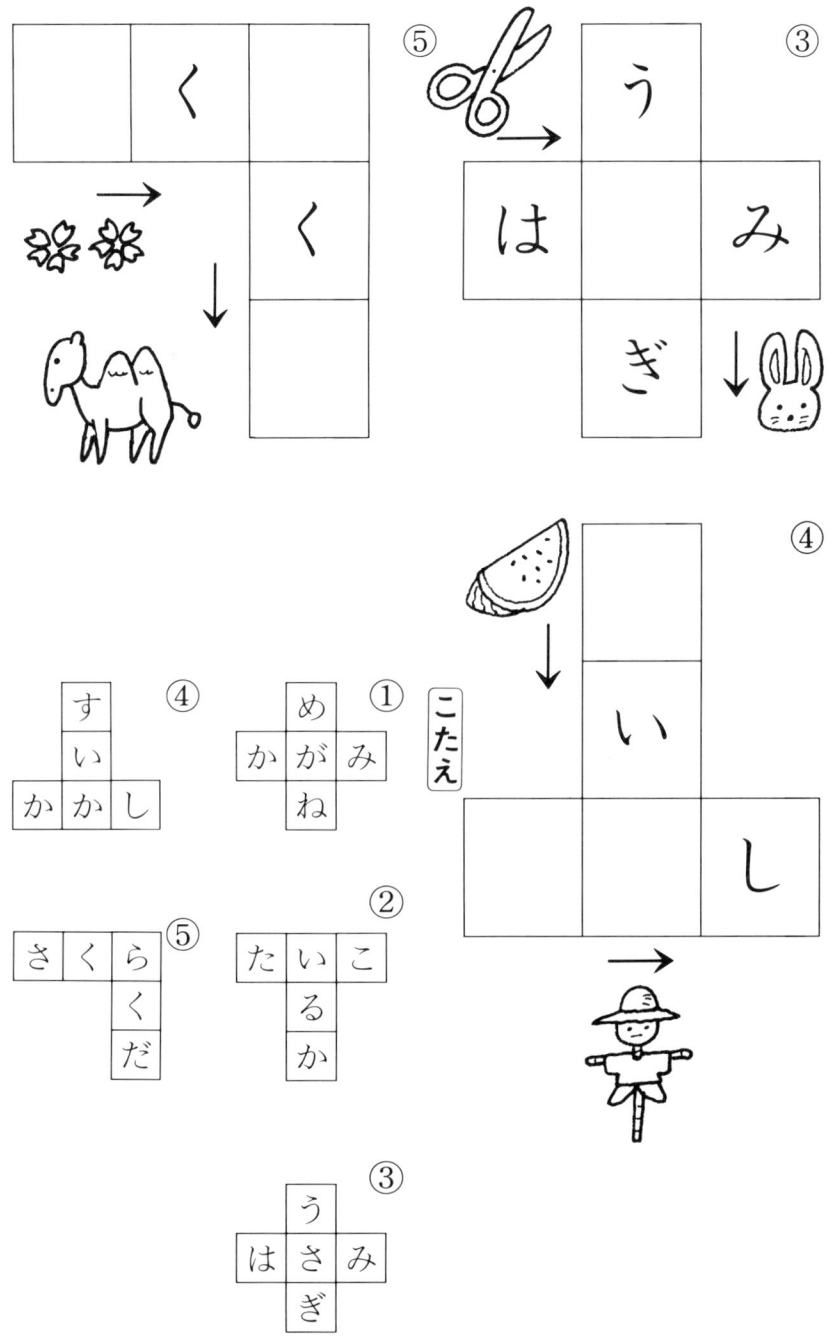

❖クロスワードパズル②

えを　ヒントに　あいている　□の　中《なか》に　ひらがなを　いれてね。

①　子《こ》どもの日《ひ》に　空《そら》で　いさましく　およいでいるね。

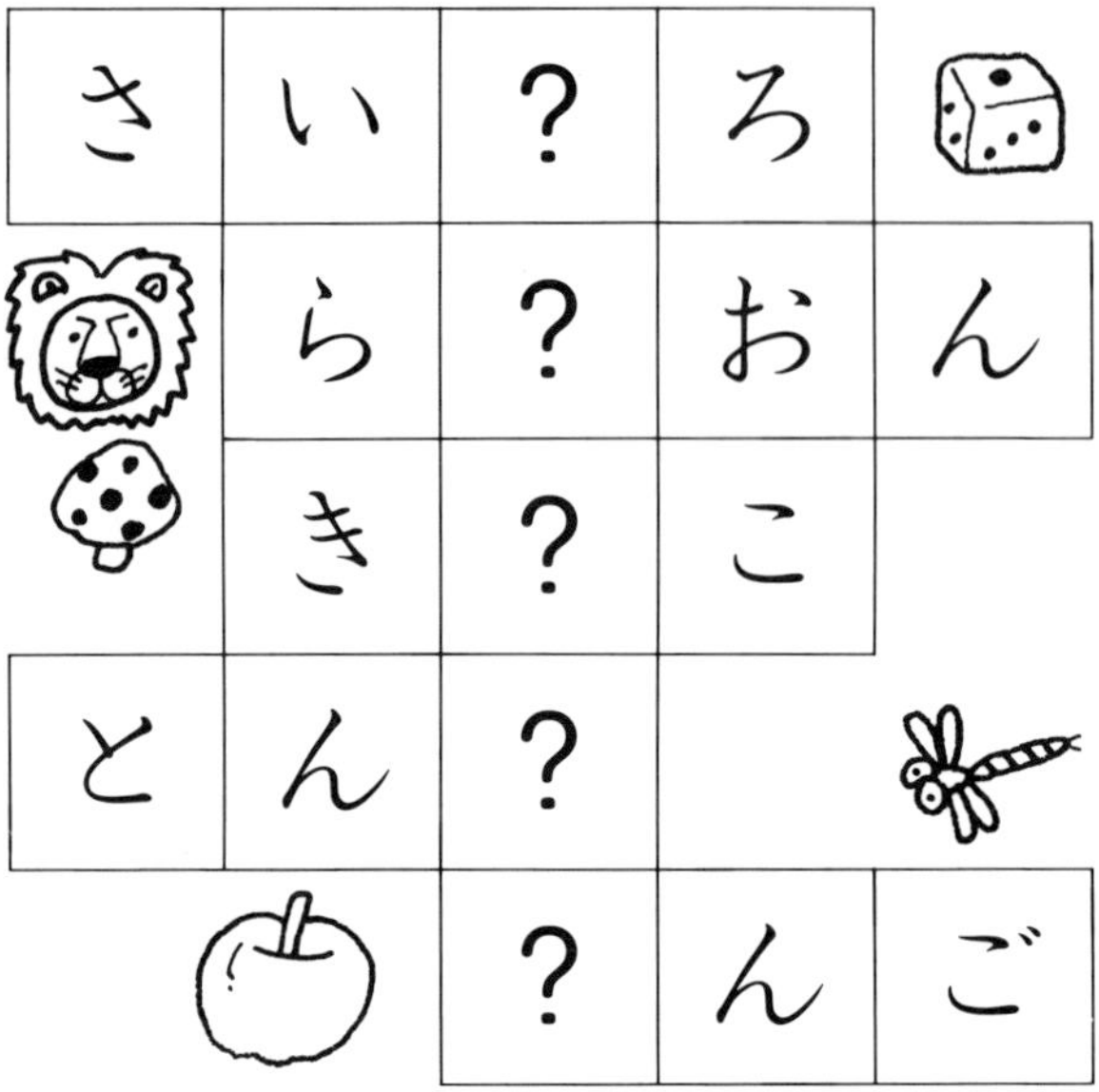

② つうしんぼを もらった その あとは…

こたえ

①…こいのぼり

②…たのしいなつやすみ

●ひらがな造語　一年

5 なにと　なにが　いるかな

【先生・お母さんへ】文字を集めて語を組み立てることに慣れさせます。習いたての時期は、五十音の文字板で、自由にいろいろな言葉を作る遊びをすすめましょう。

たぬきの　ポンちゃんは　なにを　とって　いるのかな？

○の　中《なか》の　ひらがなを　くみあわせると　二つの　虫《むし》の　名《な》まえに　なります。

れい

とんぼ　と　せみ

①　なにが　つれるかな？

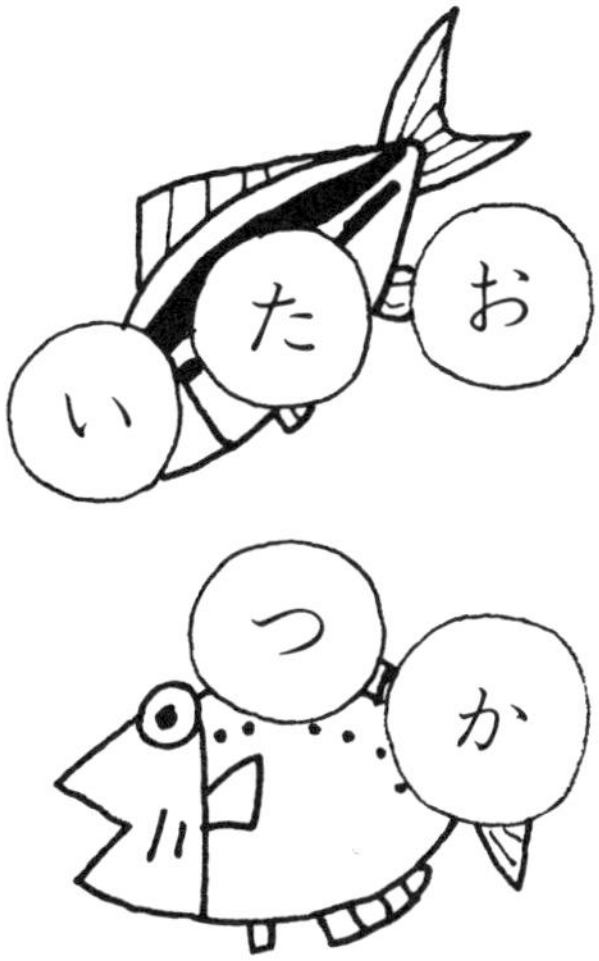

②　なにが　とんでいるの。

③　どんな　どうぶつかな。

④　なにを　つかってるの。

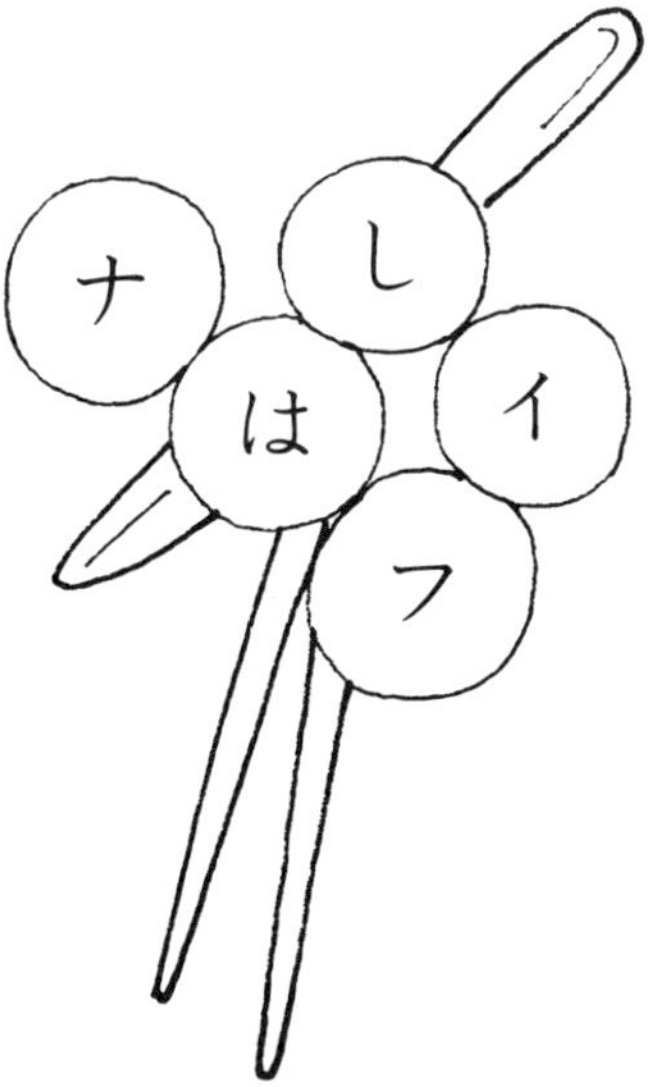

⑤ のりものです。

⑦ 花《はな》です。

⑥ どうぐです。

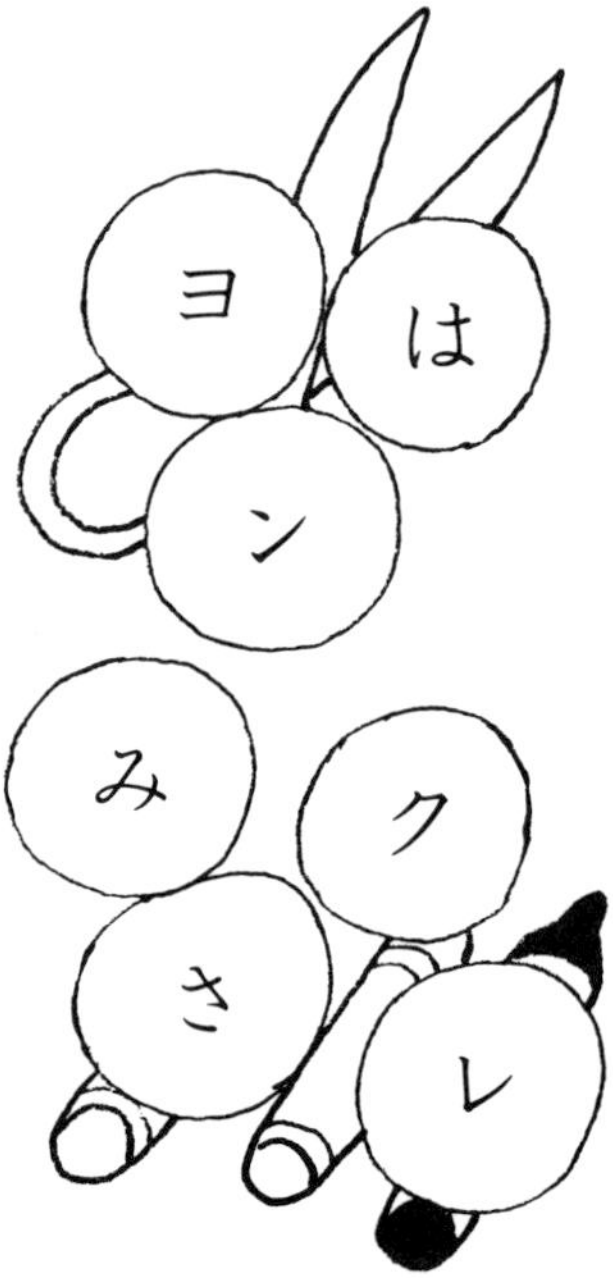

こたえ

①…たい、かつお　②…はと、からす　③…とら、きりん　④…はし、ナイフ　⑤…きせん、ひこうき　⑥…はさみ、クレヨン　⑦…きく、あさがお

●語いと表記　一年

⑥ おかしなことばパズル

【先生・お母さんへ】かな書きでは、一字の違いが、まったく別の語に変ってしまうことをわからせます。習いたての時には、書き誤りがないか見直す習慣をつけます。

❖ことばパズル

おやおや　おかしな　ことばの　かいて　ある　カードですね。
ひとつ　ひらがなを　かくして　みましょう。どれを　かくすかによって　ことばが
かわります。

れい

やみかん

「や」を　かくすと

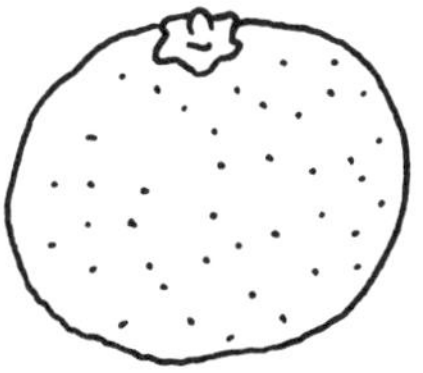

みかん

「み」を　かくすと

やかん

① ことばの ヒントで かんがえましょう。

くさすり

・びょうきの とき のむと なおる もの。

・犬《いぬ》を つないで おく ときに つかう もの。

②

きものこ

・お正月《しょうがつ》に これを きて おびを しめます。

・まつたけや しいたけが なかまです。

③

すいかり

・そとがわが みどり、なかは 赤《あか》の くだもの。

・ふねが みなとに つくと うみの 中《なか》に おろします。

④ なにと なにかな？

かきつね

・いえの まわりを かこう ものです。

・コンコンと なくよ。

こたえ

①…くすり、くさり ②…きもの、きのこ ③…すいか、いかり ④…かきね、きつね

❖なぞなぞあそび

左の　Ⓐ〜Ⓚの　中から　こたえを　さがそう。

① だれも　きらいな　人《ひと》が　いないと　いう　スポーツは？
② きっても　きっても　いたくない、あそびに　つかう　ものは　なあに。
③ あたっても　しなない　つめたい　ピストルは？
④ 足《あし》で　のぼって、おしりで　おりる　あそびどうぐは？
⑤ なかないで　わらうと　まける　あそびは　なあに。
⑥ かみと　石《いし》と　はさみで　けんかする　もの　なあに。

あ　にらめっこ　い　水《みず》でっぽう う　スキー　え　トランプ お　ジャンケン　か　すべりだい

こたえ

①…う　②…え　③…い　④…か　⑤…あ
⑥…お

●濁音・半濁音　一年

7 ゜゛《まるてん》かわれば　ことばも　かわる

【先生・お母さんへ】文字を習い始めの一年生では、濁音・半濁音の誤記・誤読や脱落が多く見られます。○《まる》や゛《てん》のあるなしで、まったく別の語になることを教えます。

❖どっちの　ことばかな？

ことばは、○《まる》や　゛《てん》で　いみが　まったく　かわります。つぎの　えは　どっちの　ことかな？　せんで　むすんでね。

①

かき・

かぎ・

・

②

はん・

ぱん・

・

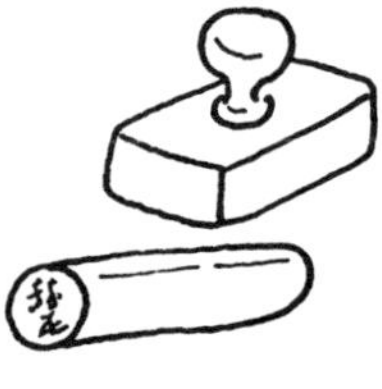

③

かま・

がま・

・

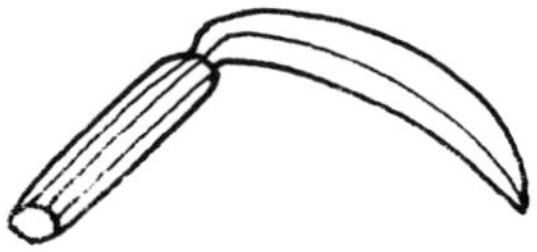

④

いか・ ・

いが・

⑤

ペンチ・ ・

ベンチ・

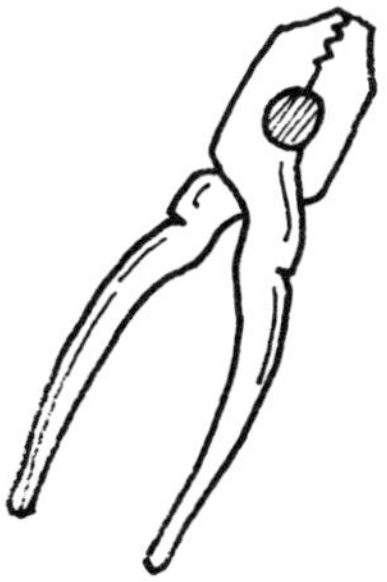

こたえ

①…かぎ　②…はん　③…かま　④…いが　⑤…ペンチ

❖まちがいさがし

○《まる》や゛《てん》の ついた ことばを よみましょう。まちがいが 三つ あるけど わかる かな？

ながぐつ
ざりがに
せんぷうき
えんぴつ

どんぐり

ずぽん

たんぽぽ

かざぐるま

すぺりだい

ぶどう

だんご

こたえ

「せんぶうき」「ずぽん」「すぺりだい」の 三つが まちがい。

❖○゛《まるてん》ことばクイズ

○や ゛が なければ おなじ ことば。さあ なんだ？ □に 入れましょう。

れい

・じどう車《しゃ》に つけるのは→タイヤ

・ゆびわに つける ほうせきは→ダイヤ

①

・たいようが　出《で》て　明《あか》るい　日《ひ》は→□

・くらいとき　つけるのは→□

②

・かみの毛《け》を　とかす　もの→□

・あたると　なにか　もらえる　もの→□

③

・はたけから　だいこんを…→□

・きていた　ようふくを…→□

④

・きものや　ようふくを　いれておく　ものは？→□

・おんがくに　あわせて　おどるのは？→□

⑤

・まいにち　べんきょうを　しにいく　ところ→□

・森《もり》へ　いくと　ないている　鳥《とり》→□

⑥

・テニスを　する　場《ば》しょ→□

・でんきを　とおす　長《なが》い　ひも→□

⑦

・かみの　毛を　とめるのに　つかう　小《ちい》さな　ものは？→□

・ジュースや　コーラを　いれるのに　つかう　ものは？→□

⑧

・よたよた　歩《ある》く　水鳥《みずどり》は？→□

・かいしゃで　かかりちょうより　ちょっと　えらい　人は？→□

こたえ

①｛てんき／でんき　②｛くし／くじ　③｛ぬく／ぬぐ　④｛たんす／ダンス　⑤｛がっこう／かっこう

⑥｛コート／コード　⑦｛ピン／びん　⑧｛がちょう／かちょう

●助詞一年

8「てにをは」おとぎの国《くに》クイズ

【先生・お母さんへ】助詞一つの違いで文の意味が通らなかったり、別の意味に変わることを理解させましょう。はとわ、をとお、へとえの書き方にも注意させましょう。

❖クイズ①

みんなの　よく　しっている　おとぎばなしの　かんばんが　あります。
それぞれの　あいている　◯に、ひらがなを
入《い》れて、いみの　とおる　文《ぶん》に　しましょう。

①

おにがしま◯
おにたいじ◯
いきます。

「ももたろう」

②

七人◯
こびと◯
くらしています。

「しらゆきひめ」

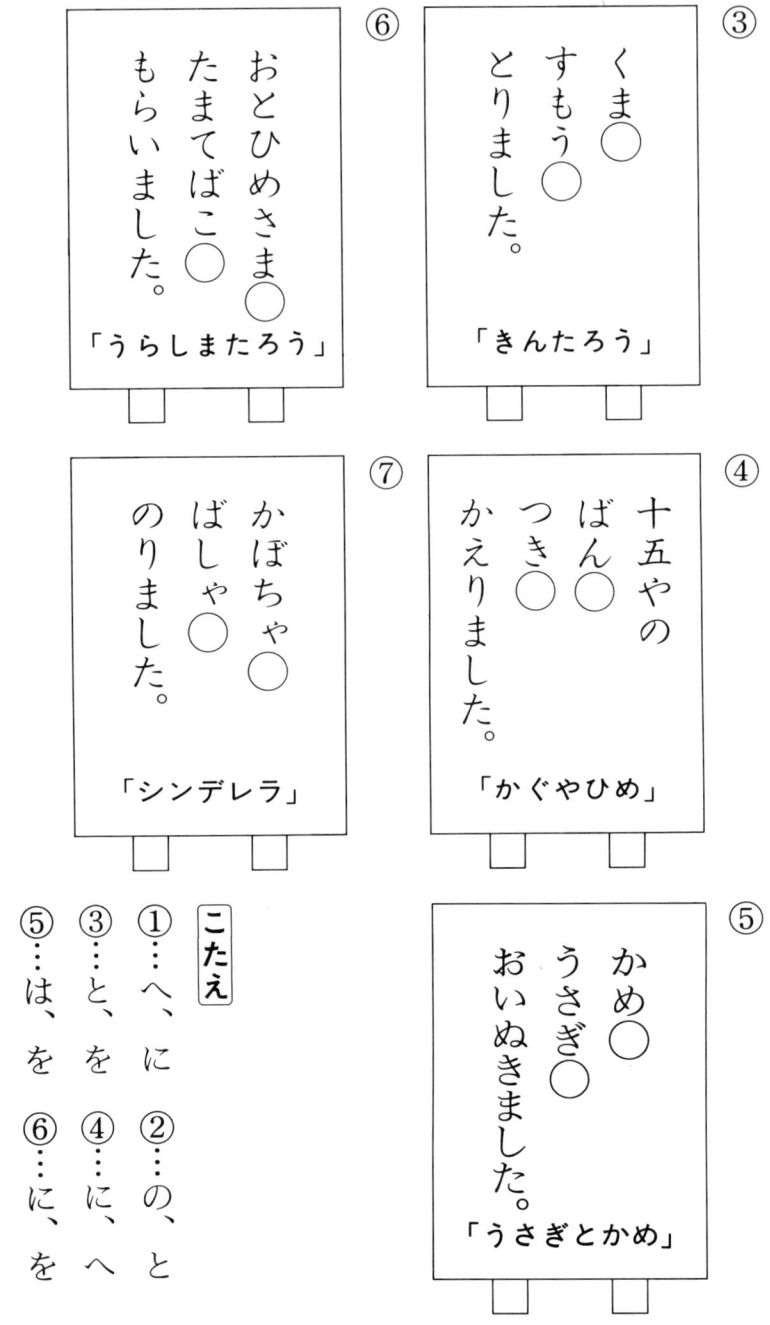

③

くま◯
すもう◯
とりました。

「きんたろう」

④

十五やの
ばん◯
つき◯
かえりました。

「かぐやひめ」

⑤

かめ◯
うさぎ◯
おいぬきました。

「うさぎとかめ」

⑥

おとひめさま◯
たまてばこ◯
もらいました。

「うらしまたろう」

⑦

かぼちゃ◯
ばしゃ◯
のりました。

「シンデレラ」

こたえ

①…へ、に　②…の、と
③…と、を　④…に、へ
⑤…は、を　⑥…に、を
⑦…の、に

❖クイズ②

おやおや、えと　せつめいの　文が　あっていません。
×の　ついた　ひらがなが　まちがっています。
正《ただ》しい　〝てにをは〟ことばに　かきなおして、えに　あう　文に　してください。

①　さくらで　さいた

②　はだか×　お出《で》かけ

「はなさかじいさん」

「はだかの王《おう》さま」

こたえ

①…が　②…で

9 ひらがなしりとりクイズ

【先生・お母さんへ】ことばと文字を結合させる際に音節の意識を確かにし、語いを増やす遊びです。口で交互に言い合うほか、文字を使っての練習もすすめましょう。

❖しりとりめいろ

入《い》り口《ぐち》から 出口《でぐち》まで しりとりで すすみましょう。いきどまりに なったら もどって やりなおしです。

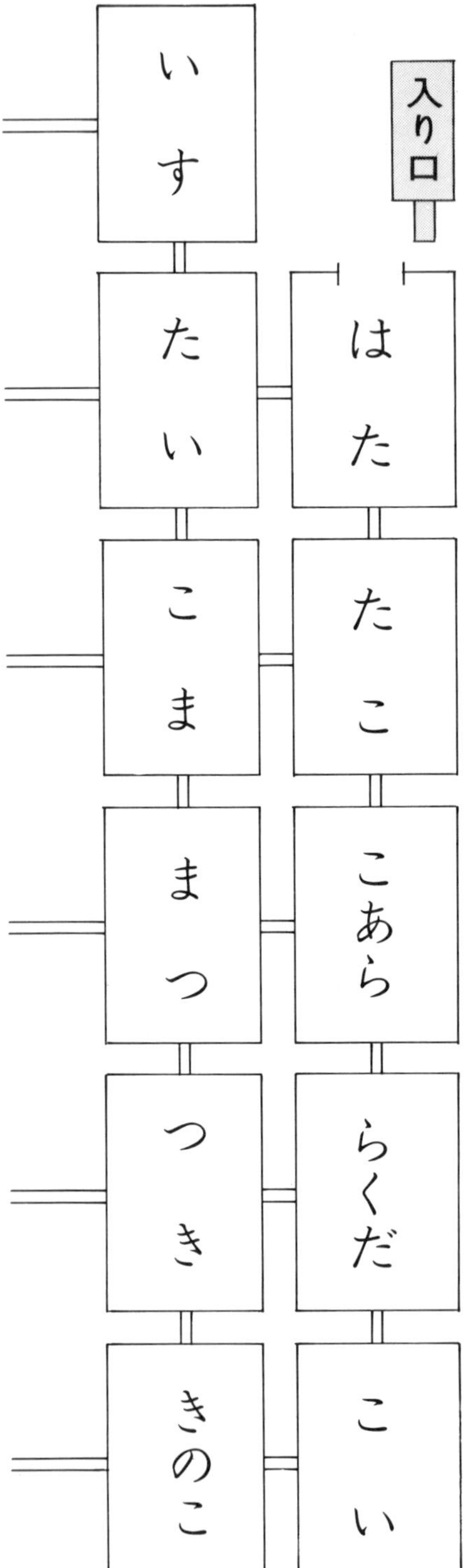

入り口
はた
たこ
こあら
らくだ
こい
いす
たい
こま
まつ
つき
きのこ

こたえ

はた↓たこ↓こま↓まり↓りす↓すいか↓かき↓きつね↓ねずみ↓みみずく↓くじら

❖しりとりあなうめ

うまく　しりとりが　つながるように　(あ)〜(こ)から　えらんで　あなを　うめてね。

うし → ① → かね → ② → こめ

ほうき → ③ → くらげ → ④ → たばこ

きって → ⑤ → とんぼ → ⑥ → しるこ

えんぴつ → ⑦ → しまうま → ⑧ → ちきゅう

てぶくろ → ⑨ → くつした → ⑩ → こおろぎ

(あ)…テント　(い)…ねこ　(う)…きく　(え)…マッチ　(お)…ろうそく　(か)…しか　(き)…たけのこ　(く)…ぼうし　(け)…つくし　(こ)…げた

こたえ

①…(か)　②…(い)　③…(う)　④…(こ)　⑤…(あ)　⑥…(く)　⑦…(け)　⑧…(え)　⑨…(お)　⑩…(き)

●拗促音・長音　一年

10 うちゅうたんけん

❖(や)(ゆ)(よ)星《ぼし》の　UFO

(や)(ゆ)(よ)星の　UFO(ユーフォー)が　地《ち》きゅうに　とんできました。雲《くも》の　上《うえ》の　UFOは　下《した》の　どれと　ドッキングするでしょう。

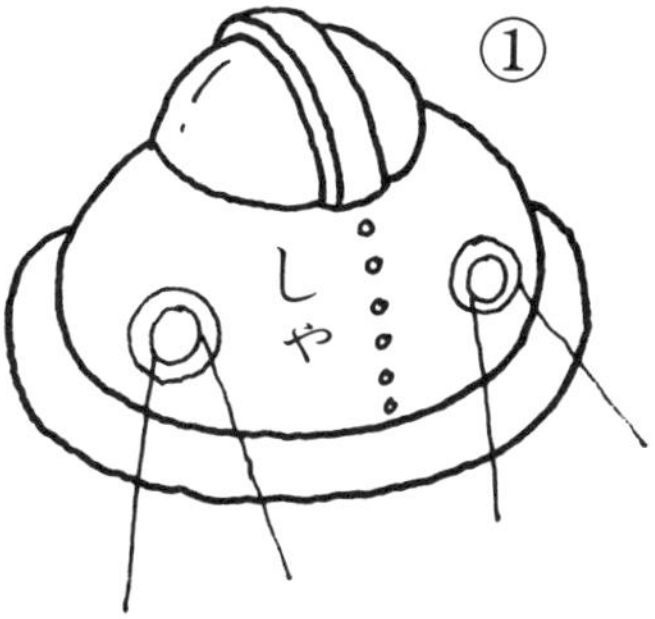

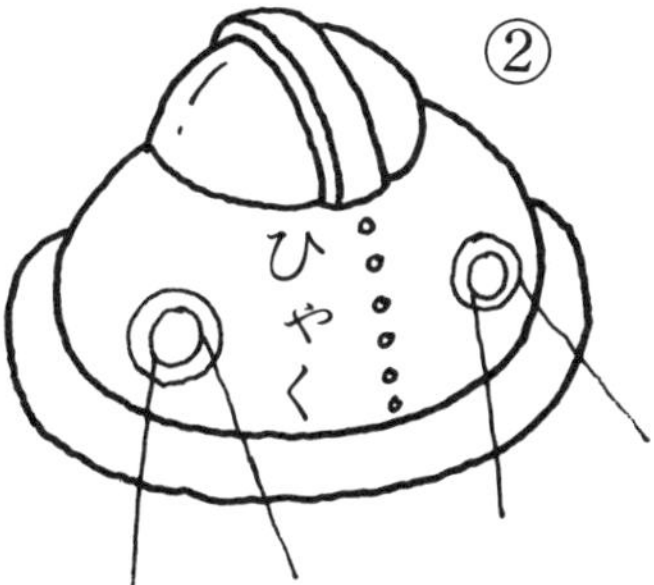

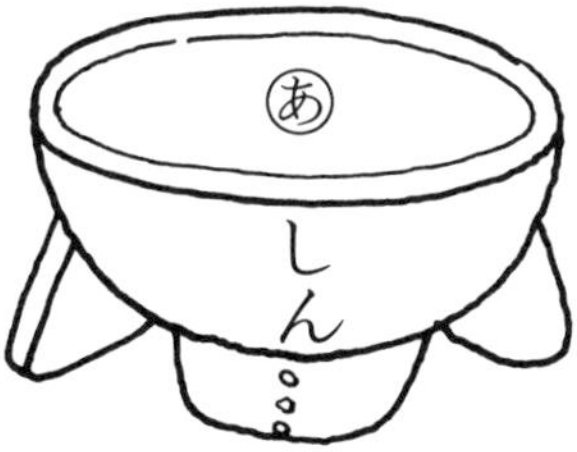

【先生・お母さんへ】表記と発音が違うので、声に出して読ませる練習が必要です。拗促音は小文字で書くこと、長音にオウとオオの二通りあることもわからせましょう。

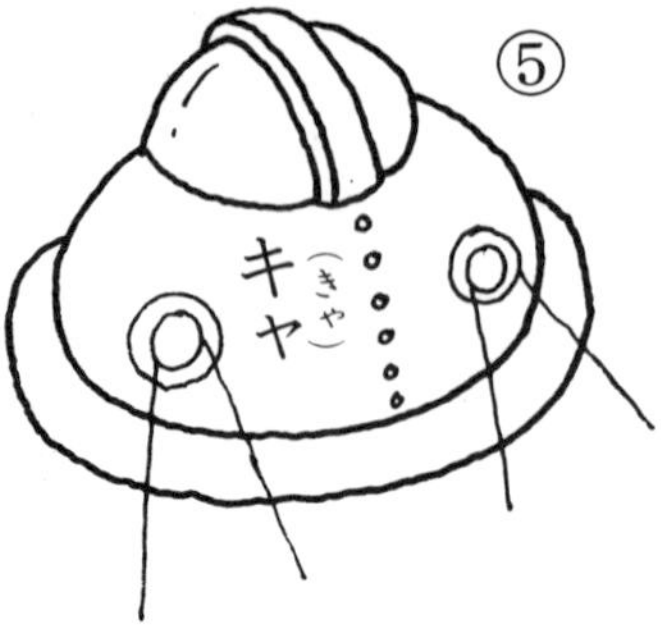
⑤
キャ（きゃ）

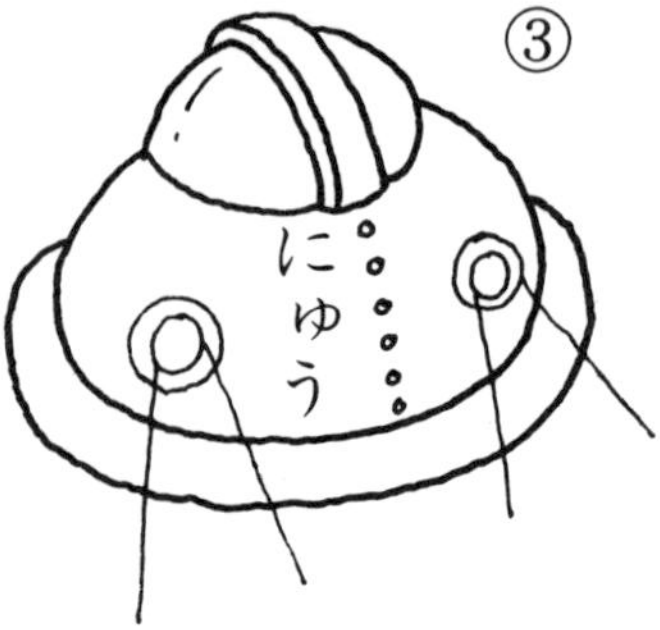
③
にゅう

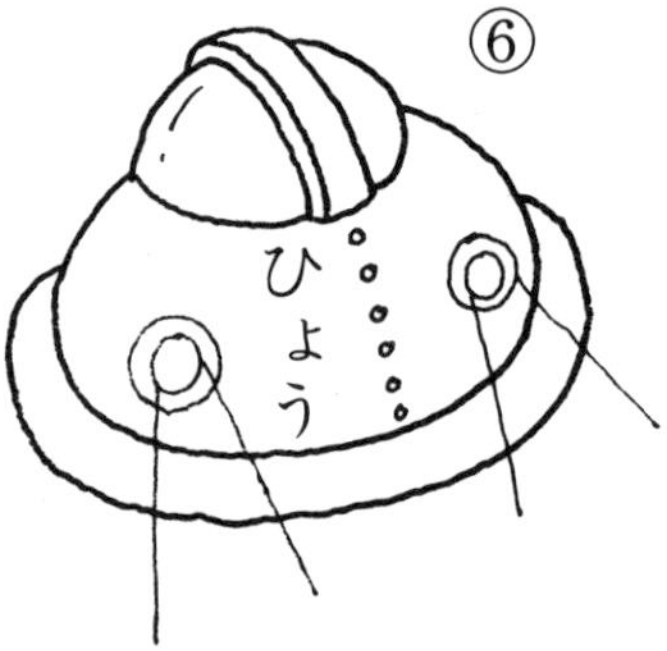
⑥
ひょう

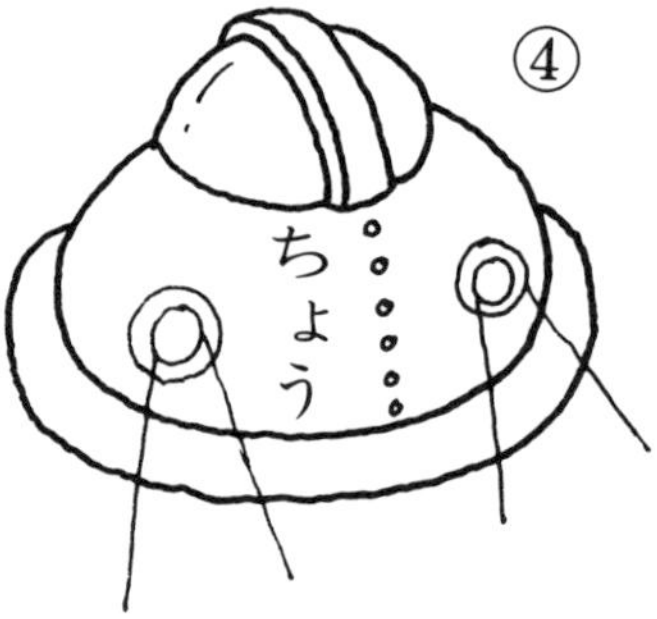
④
ちょう

こたえ

①…あ
②…い
③…か
④…う
⑤…お
⑥…え

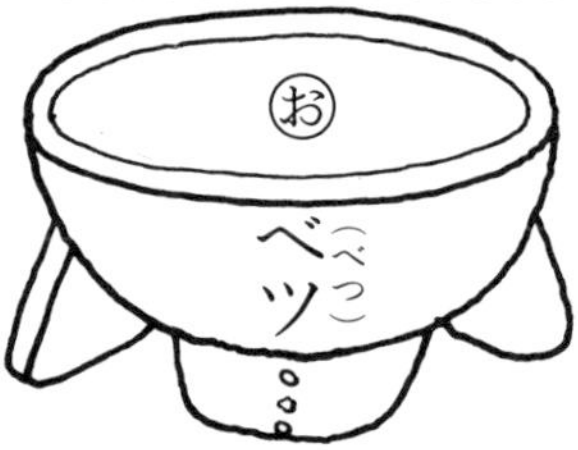
お
ベツ（べつ）

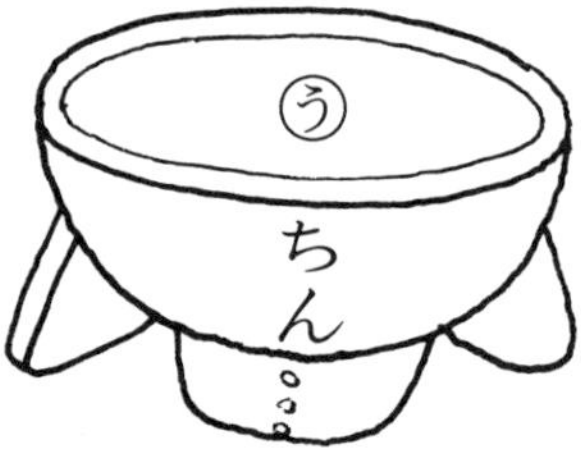
う
ちん

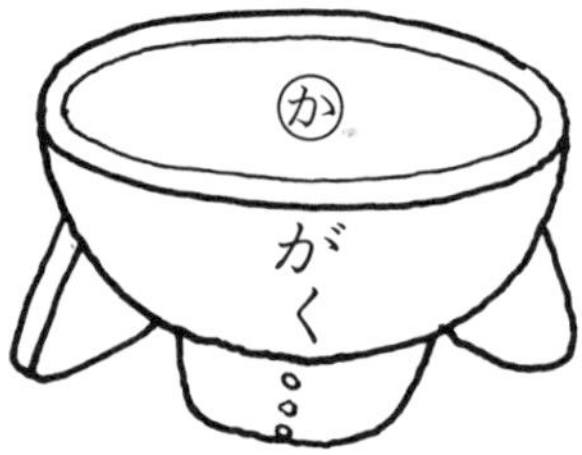
か
がく

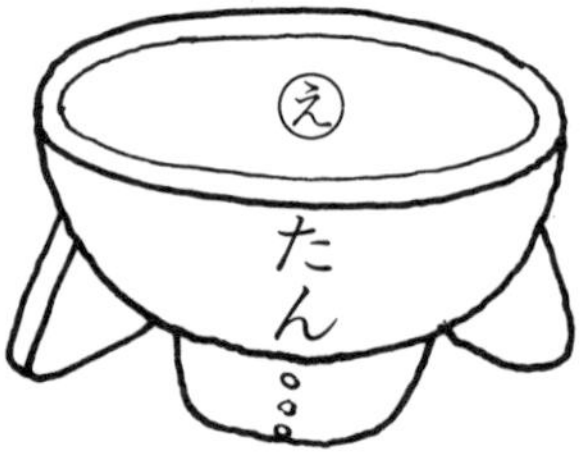
え
たん

❖つまる 音《おと》の 星《せい》ざ

ぬけて いる ☆に ひらがな星《ぼし》を うちこんで
ことばの 星ざを つくって ください。

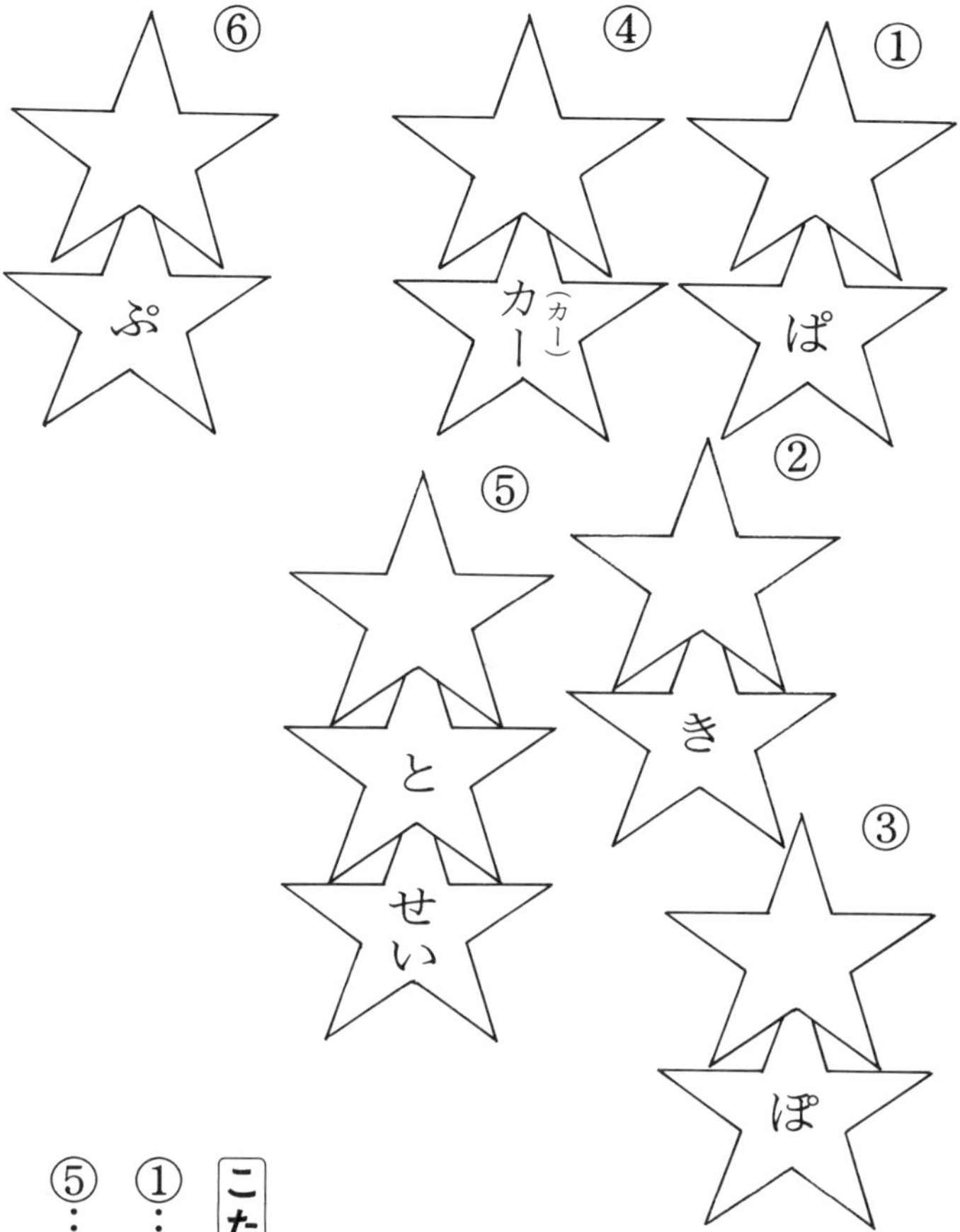
①
ぱ
②
き
③
ぽ
④
カー
（カー）
⑤
と
せい
⑥
ぷ

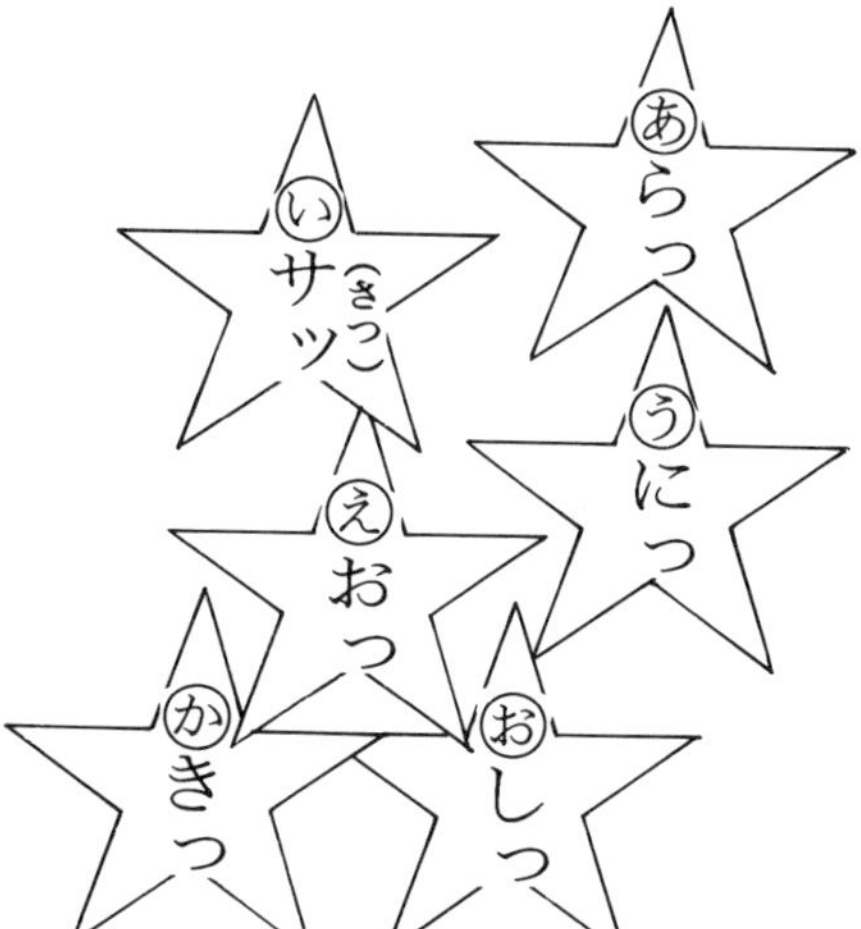
あらっ
いサッ
（さっ）
うにっ
えおっ
おしっ
かきっ

こたえ

①…あ ②…う ③…お ④…い
⑤…え ⑥…か

❖のばす音の　ブラックホール

①から　スタートして、正《ただ》しい　のばす音の　道《みち》を　通《とお》って　㉕の　ゴールまで　行《い》きましょう。行きどまりは　ブラックホールです。気《き》を　つけてね！

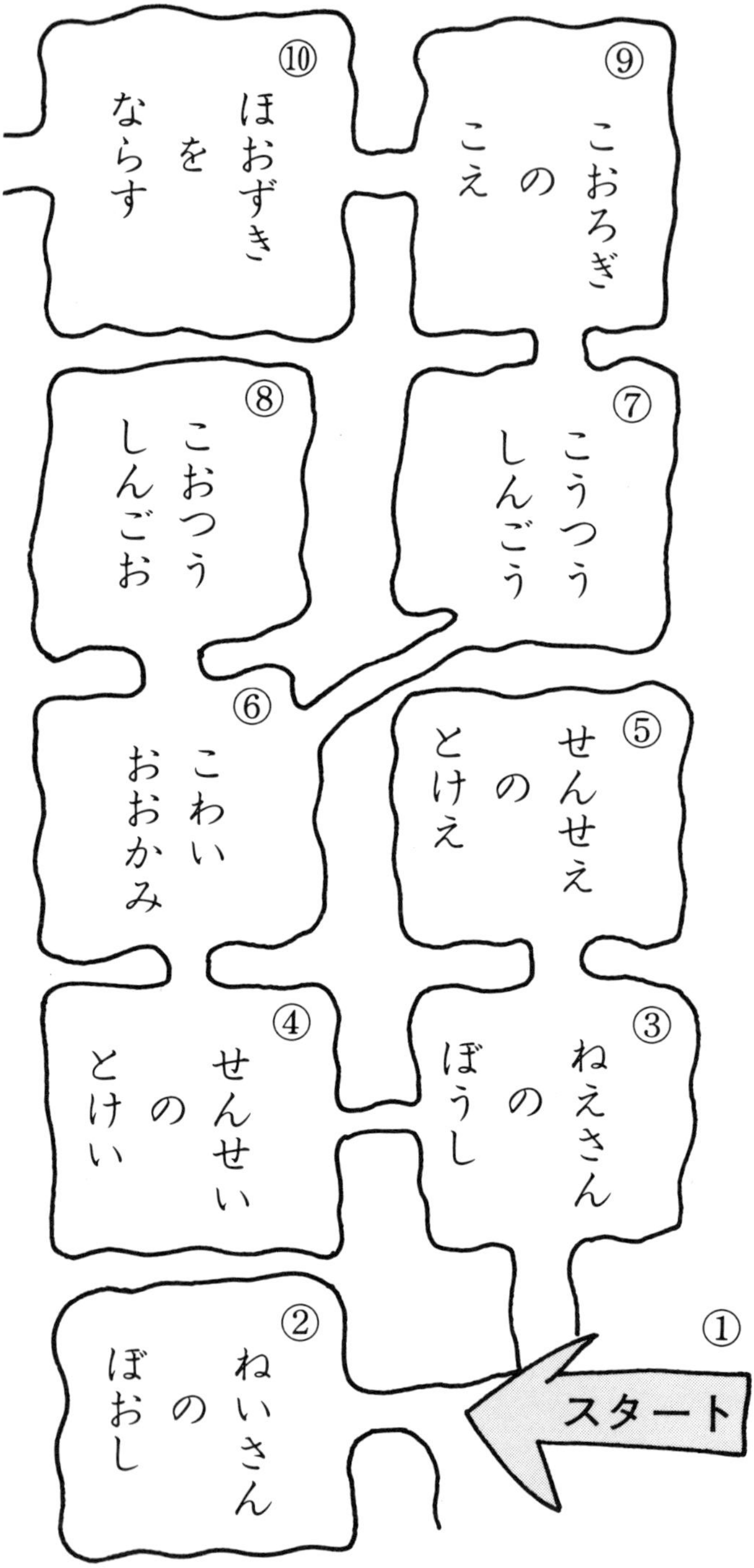
①
スタート
②
ねいさん　の　ぼおし
③
ねえさん　の　ぼうし
④
せんせい　の　とけい
⑤
せんせえ　の　とけえ
⑥
こわい　おおかみ
⑦
こうつう　しんごう
⑧
こおつう　しんごお
⑨
こおろぎ　の　こえ
⑩
ほおずき　を　ならす

⑪ みちを を とおる

⑫ おうきな れえぞおこ

⑬ おおだん ほどお

⑭ おおきな れいぞうこ

⑮ ほうき で おそうじ

⑯ おうだん ほどう

⑰ ほおき で おそおじ

⑱ めえめえ こやぎ

⑲ おとうと と すもう

⑳ どおぶつ の ええが

㉑ どうぶつ の えいが

㉒ おとおと と すもお

㉓ こおそく どおろ

㉔ こうそく どうろ

㉕ **ゴール**

こたえ

①→③→④→⑥→⑦→⑨→⑩→⑪→⑭→⑮→⑯→⑱→⑲→㉑→㉔→㉕

❖ロケットつなぎ

まちがって　つないである　ロケットを　下から　えらんで　正しい　ものと　とりかえましょう。それぞれ　ヒントが　あります。

①　おりょうりに　つかいます。

②　ねばねばしています。

③　ケーキに　ぴったり

④　声《こえ》を　そろえて…

あ

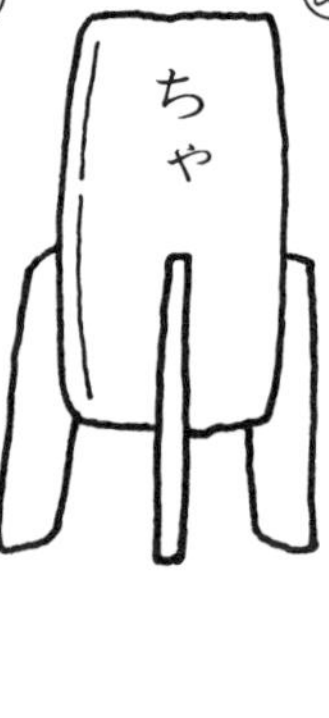

い

う

え

こたえ

①…㋒　②…㋓　③…㋐　④…㋑

❖空《そら》の　なぞなぞ

① 空の　上で、ふとったり　やせたり　するのは？

② 雨《あめ》あがりの　空に　かかる　七つの　色《いろ》の　はしは　なあに。

③ あかるいと　見《み》えないで、くらいと　見える　空の　すなつぶは？

④ 地《じ》めんに　いちばん　近《ちか》い　星は　なんと　いう　星？

⑤ ささの　はを　かざる　夏《なつ》の　夜《よる》の　おまつりは？

⑥ 空に　あるのは　星《せい》ざ。中《ちゅう》かりょうりやに　ある　「ざ」は？

こたえ

①…つき　②…にじ　③…ほし　④…ものほし　⑤…たなばた　⑥…ぎょうざ

11 電《でん》ぽうごっこ

●話しことば　一、二年

【先生・お母さんへ】はっきりした発音や整った言い方で、用件を正しく人に伝えるゲームです。大ぜいで、組の数が多いほどおもしろく遊べます。

❖よういする　もの

① ゆうびんやさんの　ぼうし

② 紙《かみ》と　えんぴつ

❖ゲームの　やりかた

先生《せんせい》：みんなで、電ぽうごっこを　しましょう。みんな、組《くみ》に　わかれて、それぞれ一れつに　ならんでください。ならんだら、れつの　一番《ばん》はじめの　人《ひと》が　ゆうびんやさんの　ぼうしを　かぶって　出《で》てきてください。その　人に、紙に　書《か》いた　電ぽうの　文《ぶん》を　見《み》せます。よく　おぼえてから、れつに　もどってください。そして、「電ぽう」と　いって、ぼうしを　つぎの　人に　かぶせてから、ないしょ話《ばなし》の　やりかたで　小《ちい》さな　声《こえ》で　文を　つたえま

す。おなじ　やりかたで　つぎの　人は　また　つぎの　人に、電ぽうの　文を
つたえていくのです。

まさるくんが　一時半《じはん》に　おじいさんの　家《いえ》に　つきました。

先生：さいごの　人は、聞《き》いたとおり、紙に　書いて、先生の　ところへ　もってきてください。あらあら、へんな　文に　なってしまいました。どこで　ちがったのでしょう。

おさるさんが　七時間《じかん》で　おじさんの　家に　来《き》ました。

❖もんだいの　れい

「白《しろ》い　家の　前《まえ》に　ひろい　道《みち》が　あります。」「へいの　下《した》に　小さな　花《はな》が　さきました。」「大《おお》きな　こいが　います。」「かまと　きりを　とって　かごに　いれました。」

【先生・お母さんへ】助詞一つの違いで文の意味が通らなかったり、別の意味に変わることを理解させましょう。はとわ、をとお、へとえの書き方にも注意させましょう。

●かたかな　一、二年

12 かたかなせかいりょこう

❖かたかなことばの　まちがいさがし

れいじくんと　めいこちゃんは、せかい一しゅうりょこうを　しました。これは、その思《おも》い出《で》を　書《か》いた　作文《さくぶん》です。でも、それぞれ　ようすを　あらわす　かたかなのつかいかたに　まちがいが　あるようです。まちがって　いる　ところに、せんを　ひいてください。

① はじめに　ハワイへ　行《い》きました。しまの　人《ひと》たちが　ウクレレを　ならし、フラダンスを　していました。ぼくも　いっしょに　おどったら、こしが　フラフラになりました。

② アメリカの　町《まち》は　車《くるま》が　いっぱいでした。バスが　じこを　おこしたので、パト

カーが、うーうーと　サイレンを　ならして　やって
きました。

③　いぎりすの　ゆうえん地《ち》で、コーヒーカップや　ジ
エットコースターに　のりました。めいこちゃんは、
こわがって　「きゃあ」と　さけびました。

④　アフリカの　しぜんどうぶつえんで、しま馬《うま》の　む
れを　見《み》ました。ライオンが　出てきて　「うおっ」
とほえると、しま馬は　みんな　にげてしまいました。

⑤　インドの　レストランで　カレーを　食《た》べました。
ものすごく　からくて、のどが　ヒリヒリしました。
店《みせ》の　外《そと》で、コブラの　げいを　やっていました。

こたえ

①…フラフラ↓ふらふら　②…うーうー↓ウーウー　③…いぎりす↓イギリス
④…「うおっ」↓「ウオッ」　⑤…ヒリヒリ↓ひりひり

かたかなで　書く　ことばには　つぎのような　ものが　あります。気《き》を　つけて　くべつして　つかいましょう。

①　外国《がいこく》の　ことば	フランス、アイロン、トンネル、ゴリラ、バット
②　音《おと》を　あらわす　ことば	**ゴロゴロ（かみなり）**、ジャー（すいどう）、ピューピュー（きたかぜ）、カーン（やきゅう）
③　どうぶつの　なき声	ヒヒーン（うま）、チュウチュウ（ねずみ）、メエメエ（やぎ）、ミーンミーン（せみ）

そのほか、「ころころ」「ぐらぐら」「つるり」「ぴかり」「こっそり」「さっぱり」などの　ようすことばは、ひらがなで　書くことも　おぼえて　おきましょう。

❖どっちが　かたかな？

右《みぎ》と　左《ひだり》の　どちらかが　かたかなで　書く　ことばです。あみだくじの　ほうほうで　下まで　行くと　こたえが　あります。（○…かたかなで書く　×…書かない）

①
ものれえる・へりこぷたあ
しんかんせん・じどうしゃ
×　○

②
てんぷら・めだまやき
おむれつ・はんばあぐ
×　○

③
だりあ・ちゅうりっぷ
すいせん・つばき
○　×

④
ようかん・せんべい
けえき・びすけっと
○　×

⑤
かんがるう・ぺんぎん
はげたか・しろくま
○　×

⑥
ばいおりん・はあもにか
たいこ・もっきん
×　○

⑦
えんぴつ・えのぐ
さいんぺん・のおと
○　×

⑧
ぱじゃま・せえたあ
くつした・てぶくろ
○　×

⑨
ぴいちく・があがあ
ころころ・ひょっこり
×　○

⑩
どしん・ひゅうひゅう
ちくり・にょきにょき
○　×

❖おかしな　かんばん

かたかなで　書かれた　お店《みせ》の　かんばんの　うち、よく　見ると　にて　いる　かたかなと　書きまちがえて　いる　ものが　ぜんぶで　八つ　あります。どれでしょう。

チレビ
ラジオ
すし
てんぷら
フライド
チキン
パソと
ケーキ
本や
シーディー
バヌ
クタシー
のりば
ミツン
ラーメン
花
にくや
ピマノ
オルガン
ユーヒー
カナラ
プリント
たばこ

こたえ

①…チレビ↓テレビ　②…パソ↓パン　③…クタシー↓タクシー　④…バヌ↓バス
⑤…ミツン↓ミシン　⑥…ユーヒー↓コーヒー　⑦…ピマノ↓ピアノ
⑧…カナラ↓カメラ

❖なき声《ごえ》（音）あわせ

下の　かこみの　中《なか》の　音や　なき声は　どれに　あてはまるでしょうか。

① お寺《てら》の　かねが　［　　］　と　なる。
② からすが　［　　］　ないている。
③ トラクターが　［　　］　はしっている。
④ お母《かあ》さんが　せんたくしているよ。［　　］
⑤ お父《とう》さんが　おもちを　［　　］　ついている。
⑥ うしが　よろこんで　［　　］　と　ないた。

㋐ カアカア
㋑ ジャブジャブ
㋒ モー
㋓ ガタガタ
㋔ ゴーン
㋕ ペッタンペッタン

こたえ

①…㋔　②…㋐　③…㋓　④…㋑　⑤…㋕　⑥…㋒

❖かたかなかるた

○の 中に かたかなを 一字《じ》 入《い》れましょう。

①
○ラックや
バスを はこぶ
カーフェリー

②
○ユックサック
せおって 行こう
ハイキング

③
○フリカの
サファリで 見た
ライオン

④
○レヨンで
スケッチを した
ママの かお

⑤
○ユーリップ
パンジーも
きれいに さいた

⑥
○ーバー きて
マフラー まいて
さむい 朝《あさ》

⑦
○ストルが
パーンと なって
はしりだす

⑧
○ナリヤが
ピーチク なくよ
かごの 中

⑨
○ーモニカ
プカプカ ふいて
たのしいな

こたえ

①…ト ②…リ ③…ア ④…ク ⑤…チ ⑥…オ ⑦…ピ ⑧…カ ⑨…ハ

●漢字とかたかな　一、二年

13 かたかなで　できた　かん字《じ》

【先生・お母さんへ】 かたかなの組み合わせで成り立っている漢字のあることに、注目させます。左右のはらいなど、形の違うものがあることに、注意させましょう。

❖かたかな組《く》みあわせクイズ

かん字の　中《なか》には、かたかなに　よく　にた　かたちの　ものが　たくさん　あります。

夕《ゆう》 ↕ タ　　工《こう》 ↕ エ

口《くち》 ↕ ロ　　力《ちから》 ↕ カ

また、かたかなの　組みあわせで　こんな　かん字が　できるのです。

⇩

ナ　ロ → 右

ナ　エ → 左

次の　かたかなを　組みあわせると　どんな　かん字が　できますか？

① ロ　タ
↘↙
みんなついてる

② ロ　ロ
↘↙
こまがくるくる

③ タ　ト
↘↙
○○へお出かけ

④ ル　ニ
↘↙
1月1日は
○たん

⑤ ウ　ル
↘↙
ひこうきがとぶ
↑
エ

⑥ サ　ヒ
↘↙
きれいにさくよ
↑
イ

⑦ ツ　ロ
↘↙
きんじょの地○
↑
、

こたえ

①…名（な）　②…回（まわる）　③…外（そと）　④…元（がん）　⑥…空（そら）

⑦…花（はな）　⑧…図（ず）

❖かたかな　あなうめクイズ

?には、どんな　かたかなが　入《はい》りますか？

① 国語《こくご》

② 売店《ばいてん》

③ 野原《のはら》

④ 当番《とうばん》

⑤ 社会《しゃかい》

⑥ 教室《きょうしつ》

⑦ 今年《ことし》

⑧ 谷川《たにがわ》

⑨ 茶《ちゃ》の間《ま》

⑩ 十五夜《じゅうごや》

⑪ 男女《だんじょ》

⑫ 金魚《きんぎょ》

こたえ

①…ロ　②…ト　③…マ　④…ヨ　⑤…ネ　⑥…ム　⑦…ラ　⑧…ハ　⑨…ホ

⑩…イ　⑪…カ　⑫…ク

14 この？《はてな》 なあに

●話しことば 一、二年

【先生・お母さんへ】関連のある語や文から、事物を推理させる遊びで、語いの力を伸ばします。やり方をいろいろくふうすると、おもしろくなります。

❖ようい する もの

① もんだいを 書《か》く 画用紙《がようし》

② サインペンなど

❖ゲームの やりかた

・赤《あか》と 白《しろ》の 二組《くみ》に わかれます。

・組に わかれたら、それぞれ 画用紙に、クイズの もんだいに なる ものの 名《な》まえを かきます。紙《かみ》の うらには、その字数《じかず》と おなじだけ ？を書きます。

・赤組から 白組へ もんだいを 出《だ》します。赤組の 一ばんめの よしおくんが 紙の うらの ？の ほうを 見《み》せながら、ヒントを いいます。

・白組は ヒントを 聞《き》いて、しなものを あて、紙に 書きましょう。

・こたえが　出《で》なかったり　まちがって　いたりしたら、よしおくんは、赤組の　二ばんめの　あきこさんに　紙を　わたします。こんどは、あきこさんが　ヒントを　いいます。

れい

あきこ（赤2）：？？？《はてな》の　はり。
はじめ（赤3）：はと？？？《はてな》
みちよ（赤4）：おじいさんの　ふる？？？《はてな》
まさる（赤5）：？？？《はてな》は　なん時《じ》。
白：わかった！

正《せい》かいが　出るまで、つぎつぎに　紙を　わたして、ヒントを　いいます。ヒントは　かならず、ちがうことを　いいます。

・こたえが　あっていたら、赤は　もんだいの　紙を　うらがえして　書かれている　ものの　名まえを　見せます。少《すく》ない　ヒントで　あてた　ほうが　かちです。（こたえは　「とけい」）

☆一人が　もんだいを　出し、赤組と　白組の　りょうほうに　見せて、早《はや》く　あてた　ほうを　かちに　しても　いいでしょう。

●字源　一、二年

15 どの絵《え》から　どの字《じ》が　できた?

【先生・お母さんへ】漢字の中には、事物の形をもとにしてできたもの（象形文字）が多くあることを知らせ、漢字に興味と親近感をもたせます。

❖絵文字《えもじ》あてクイズ

つぎの　絵は、いまの　かん字の　もとに　なった　むかしの　絵文字です。どれが、いまの　どの　かん字に　なったのでしょう。下《した》から　さがしましょう。

①

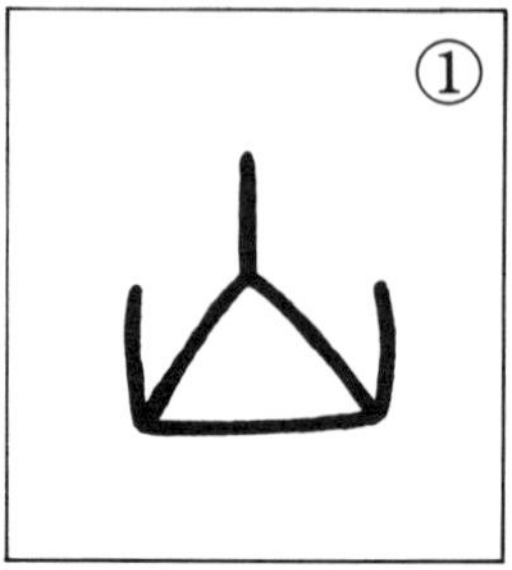

②

③

山　森　火

犬　水

手　月　子

高　馬　竹

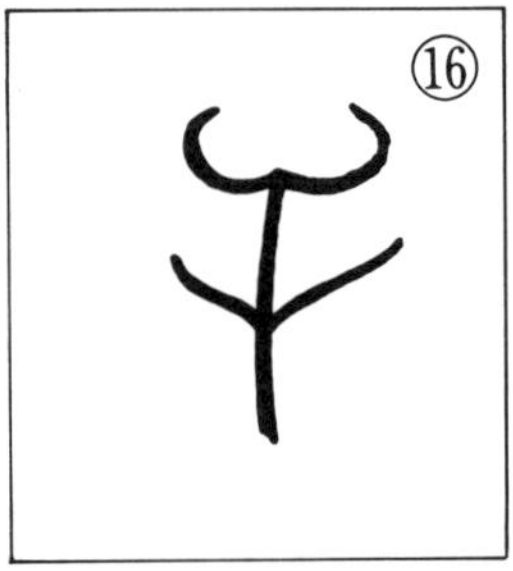

貝　　友　牛

魚　　毛

鳥　　母

郵便はがき

料金受取人払

名古屋中局
承　認

1131

差出有効期間
平成20年12月
31日まで

4 6 0 - 8 7 9 0

2 6 3

名古屋市中区
丸の内三丁目6番27号
(EBSビル八階)

黎 明 書 房 行

購 入 申 込 書

●ご注文の書籍はお近くの書店よりお届けいたします。ご希望書名をご記入の上ご投函ください。(直接小社へご注文の場合は代金引換にてお届けします。送料は200円です。但し, 1500円未満のご注文の場合, 送料は500円です。お急ぎの場合はFAXで。)

(書名)	(定価) 円	(部数) 部
(書名)	(定価) 円	(部数) 部

ご氏名　　　　TEL.

ご住所 〒

ご指定書店名 (必ずご記入下さい。)	取次・番線印	この欄は書店又は小社で記入します。
書店住所		

愛読者カード

—

今後の出版企画の参考にいたしたく存じます。ご記入のうえご投函くださいますようお願いいたします。図書目録などをお送りいたします。

書名	

本書についてのご感想および出版をご希望される著者とテーマ

※ご記入いただいた個人情報は，当社出版物の企画の参考とさせていただくとともに，ご注文いただいた書籍の配送，お支払い確認等の連絡および当社の刊行物のご案内をお送りするために利用し，その目的以外での利用はいたしません。

※上記のご意見を小社の宣伝物に掲載してもよろしいですか?

□ はい　□ 匿名ならよい　□ いいえ

過去一カ年間に図書目録が届いておりますか?　いる　いない

ふりがな
ご氏名　　年齢　歳
ご職業　（男・女）

（〒　　）
ご住所
電話

ご購入の書店名		ご購読の新聞･雑誌	新聞（　　） 雑誌（　　）

本書ご購入の動機（番号を○でかこんでください。）

1.新聞広告を見て（新聞名　　）　2.雑誌広告を見て（雑誌名　　）　3.書評を読んで　4.人からすすめられて　5.書店で内容を見て　6.小社からの案内　7.その他

ご協力ありがとうございました。

こたえ

①

山《やま》

②
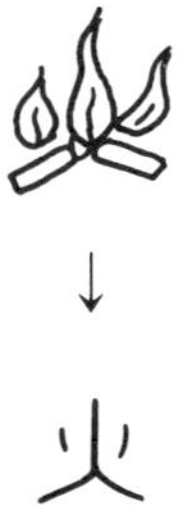
火《ひ》

③
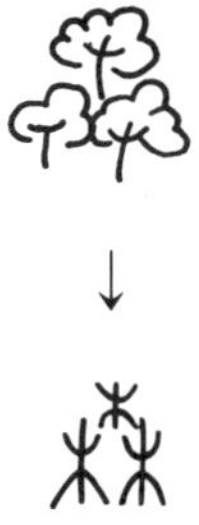
森《もり》

④
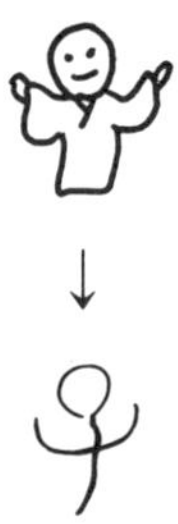
子《こ》

⑤
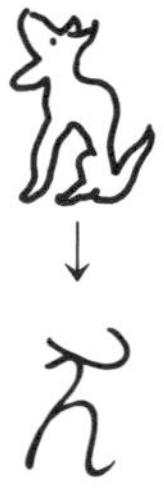
犬《いぬ》

⑥

手《て》

⑦

月《つき》

⑧

水《みず》

⑨

馬《うま》

⑩

竹《たけ》

⑪
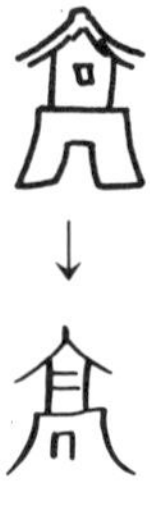
高《たか》(い)

⑫

貝《かい》

⑬

魚《うお》

⑭

母《はは》

⑮
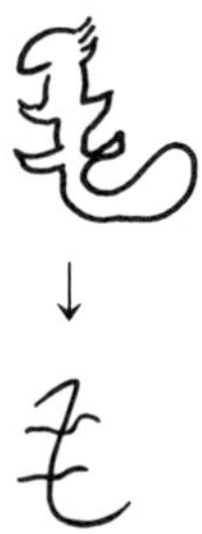
毛《け》

⑯

牛《うし》

⑰
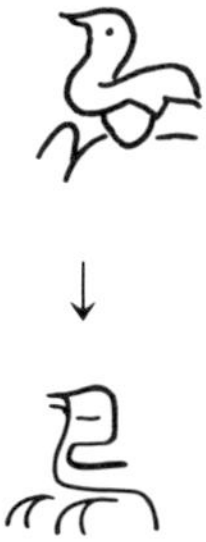
鳥《とり》

⑱
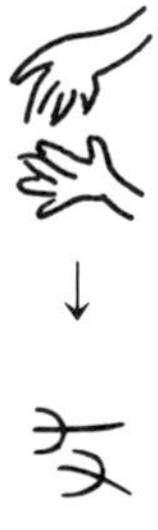
友《とも》

❖かんすう字クイズ

□の　中《なか》に　一から　十までの　かずを　一回《かい》ずつ　つかって　かん字で　入れましょう。

①
□つかどで
友《とも》だちと
さよなら
また明日《あした》

②
うちは
□時《じ》に
夕《ゆう》ごはん

③
□本足《ぽんあし》で
たこおどり

④
ゆびに　たりない
□すんぼうし

⑤
□円《えん》だま
いれて
「もしもし」

⑥
白雪《しらゆき》ひめと
□人《にん》の
こびと

⑦
はやいぞ
スピード
□りん車《しゃ》だ

⑧
人《ひと》まね
じょうずの
□かん鳥《ちょう》

⑨
□月人形《がつにんぎょう》
かざって
子どもの日

⑩
□かくぼうしの
ピエロくん

こたえ

①…四　②…六　③…八　④…一　⑤…十　⑥…七　⑦…二　⑧…九　⑨…五　⑩…三

●漢字の形　一、二年

16 はて、なんの字《じ》かな

【先生・お母さんへ】片方を見て、左右同形の漢字を当てたり、部分の特徴から全体の形を推理させる遊びです。漢字はていねいに細かく見、正しく覚えさせましょう。

❖なんの字かな①

カードに　左《ひだり》がわと　右《みぎ》がわと　同《おな》じ　かたちの　かん字を　書《か》いて　まん中《なか》で　おりました。さて、　なんという　字《じ》が　書いて　あるでしょう。

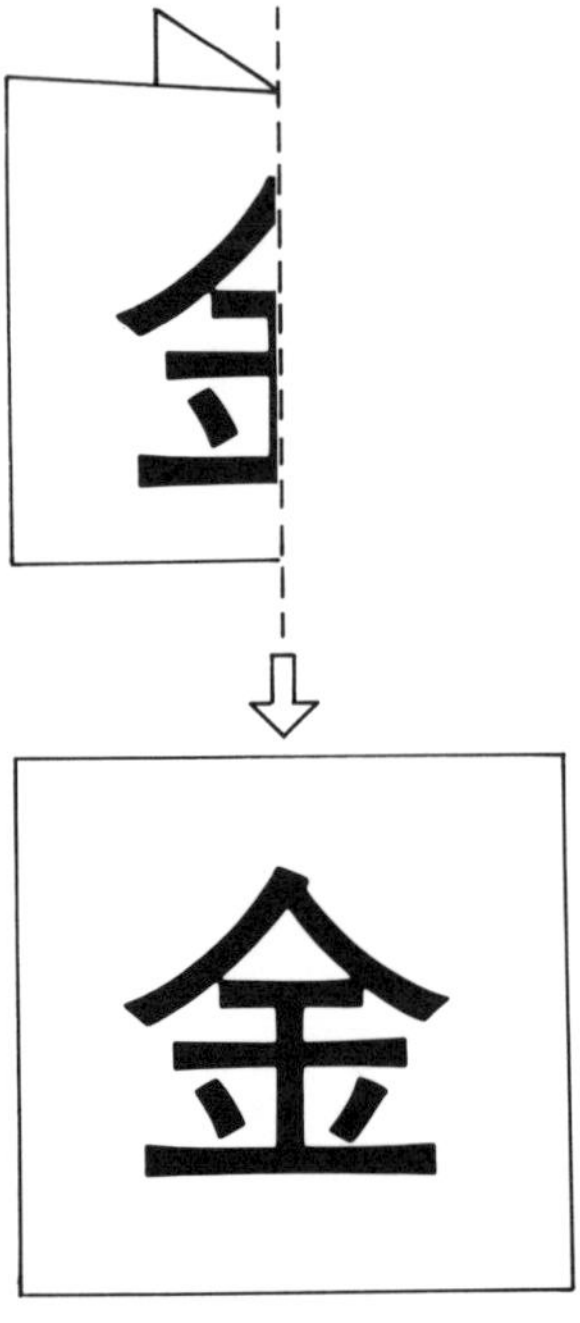

おなじように　つぎの　ページの　かん字も　あててね。
わからなかったら　┄┄のところに　かがみを　おいてごらん。

こたえ

①…木　②…早　③…中　④…車　⑤…小　⑥…田　⑦…天　⑧…目　⑨…王

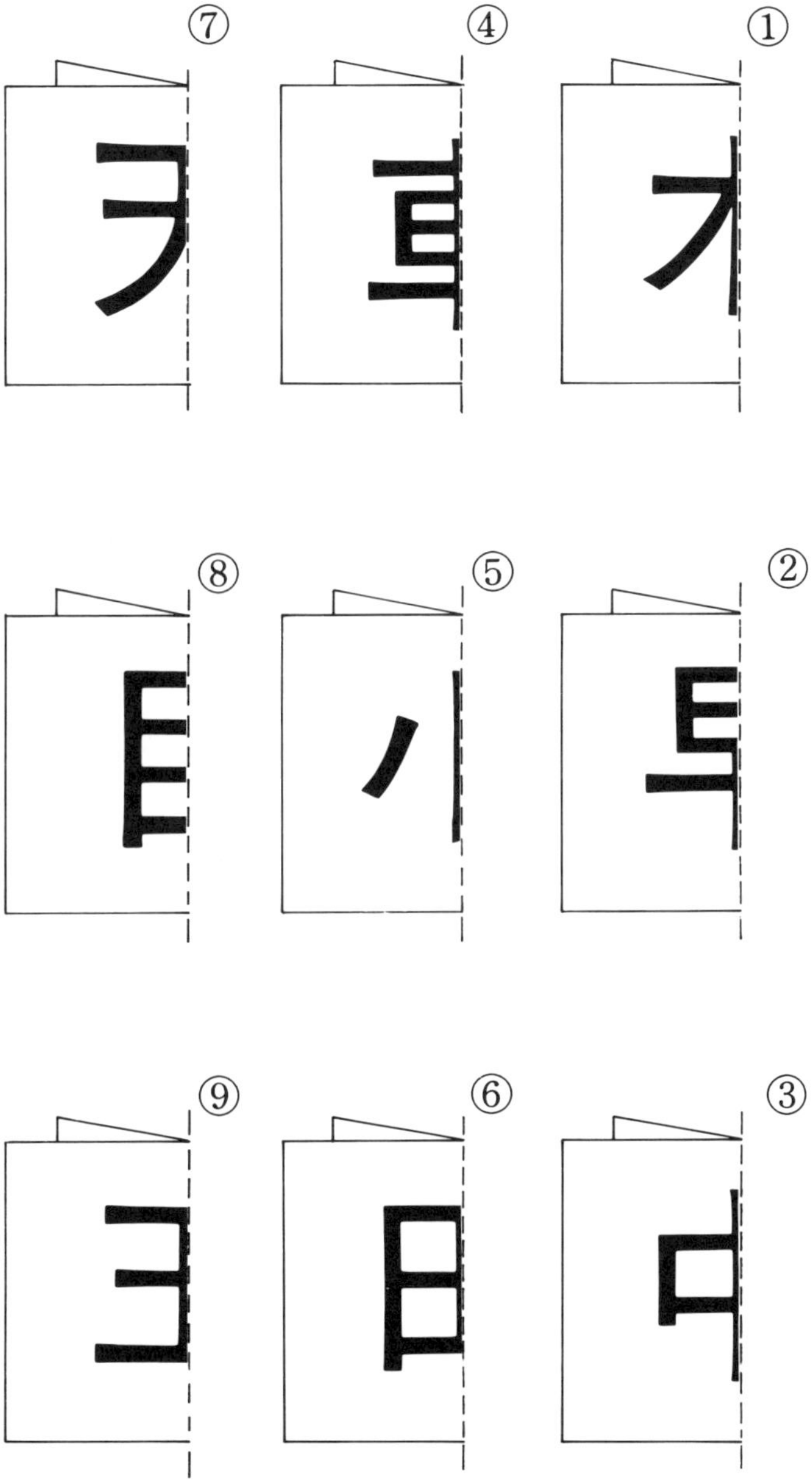

❖なんの字かな②

れいじくんと　めいこちゃんの　書いた　かん字カードを、ぼうやが　はさみで　切《き》ってしまいました。どれと　どれを　つなげると　なんという　かん字に　なりますか。

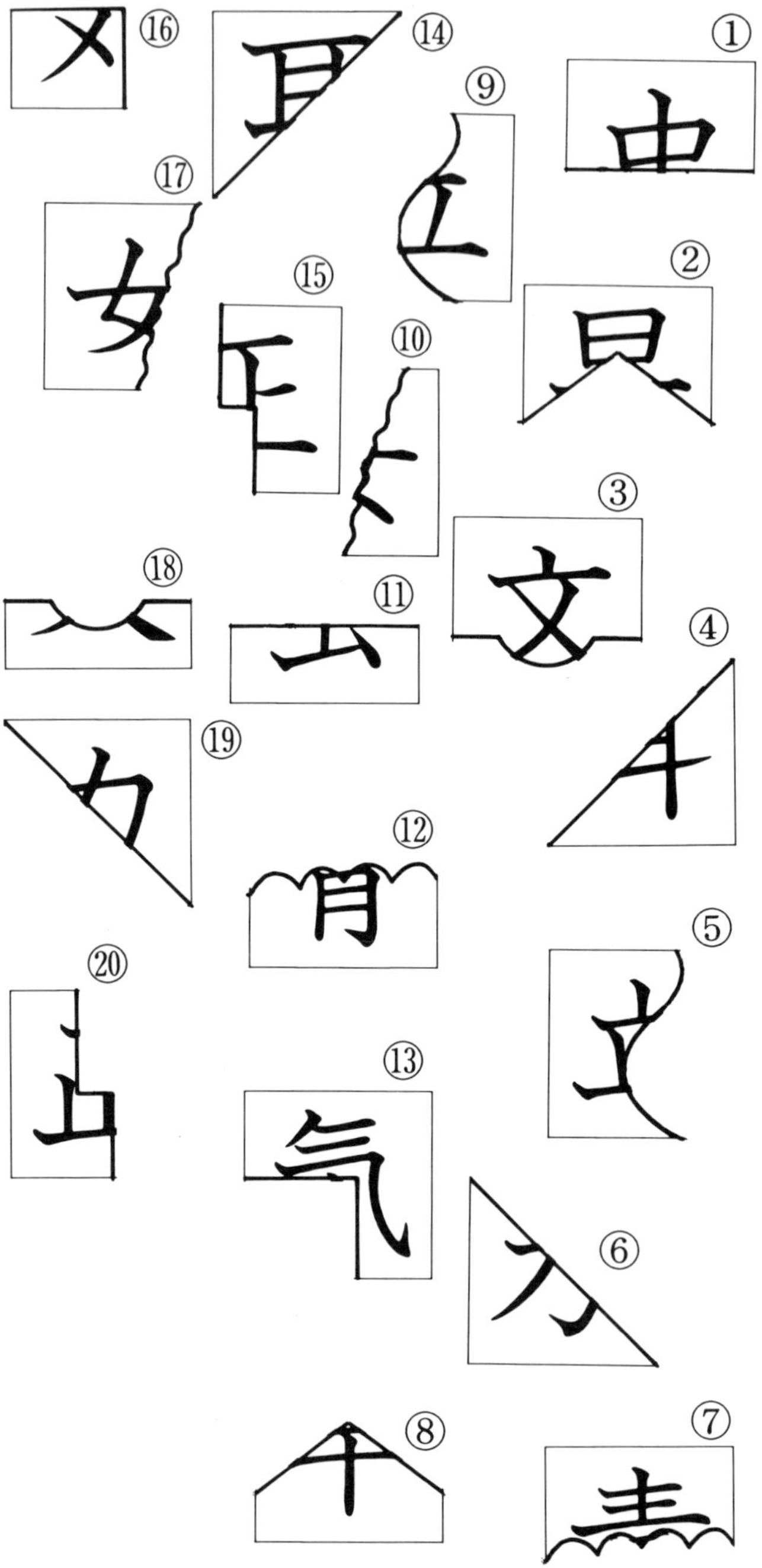

こたえ

①と⑪（虫《むし》）　②と⑧（早《はや》）　③と⑱（文《ぶん》）　④と⑭（耳《みみ》）　⑤と⑨（立《た》）

⑥と⑲（力《ちから》）　⑦と⑫（青《あお》）　⑩と⑰（女《おんな》）　⑬と⑯（気《き》）　⑮と⑳（正《せい》）

❖なんの字かな③

あなから　のぞいた　一年生《ねんせい》の　かん字です。なんの字か　あててください。

①

②

③

④

⑤

⑥

⑦

⑧

⑨

⑩

⑪

⑫

⑬

⑭

⑮

⑦〜⑮は　二年生《ねんせい》の　かん字です。

こたえ

①…糸　②…花　③…学

④…年　⑤…町　⑥…空

⑦…歌　⑧…長　⑨…遠

⑩…茶　⑪…夜　⑫…馬

⑬…頭　⑭…読　⑮…電

17 おとぎ人あてゲーム

●話しことば　一、二年

【先生・お母さんへ】遊びを通して、伝承や民話などへの興味を高めます。ゲームの後、おとぎ話の読み聞かせや、読書をすすめてやるとよいでしょう。

❖ようい する　もの

① もんだいを　書《か》く　画用紙《がようし》

② サインペンなど

❖ゲームの　やりかた

先生《せんせい》：この　画用紙の　うらに、みんなの　知《し》っている　おとぎ話《ばなし》に　出《で》てくる　人《ひと》の　名《な》まえが　書いて　あります。赤組《あかぐみ》と　白組《しろぐみ》が、かわりばんこに　しつもんして、こたえを　聞《き》いて、それが　だれかを　あてて　ください。

　では、おとぎ人あてゲームの　はじまり。赤組から　たずねてください。

赤1：あなたは、男《おとこ》ですか。それとも　女《おんな》ですか。

先生：女です。では、こんどは　白組　どうぞ。

白1：あなたは、おとなですか。それとも　子どもですか。

先生：はじめは、とても　小《ちい》さい　女の子だったのが、すぐに　大きく　なりました。

白1：わかった。いっすんぼうし。

赤1：いっすんぼうしは　男の子よ。こんどは　わたしの　ばんね。あなたは　日本《にほん》人《じん》ですか　外国人《がいこくじん》ですか。

先生：日本の　おとぎ話に　出てきます。でも、日本人とは　いえません。

白2：あなたは、どこで　生《う》まれましたか。

先生：わたしは、竹《たけ》の　林《はやし》の　中《なか》で　生まれました。

赤3：わかって　きたぞ。あなたは、十五夜《じゅうごや》の　ばん　おむかえが　きて、どこへ　かえりましたか。

先生：月《つき》の　国《くに》へ　かえりました。

赤3：わかりました。かぐやひめさんですね。

先生：あたりました。

● 漢字の字義　一、二年

18 かん字《じ》れんそうクイズ

【先生・お母さんへ】連想遊びを通して、共通する漢字を考えさせます。表意文字であり、いくつかの意味をもち、さまざまなことばに使われることに気づかせます。

三つの　絵《え》に　きょうつうする　かん字《じ》を　あてる　クイズです。

れい

POST

ポストに りんごに だるま… みんな赤《あか》いね！

こたえは「赤」です。

①

②

③ ここからは　二年《ねん》生《せい》の　かん字です。

④

⑤

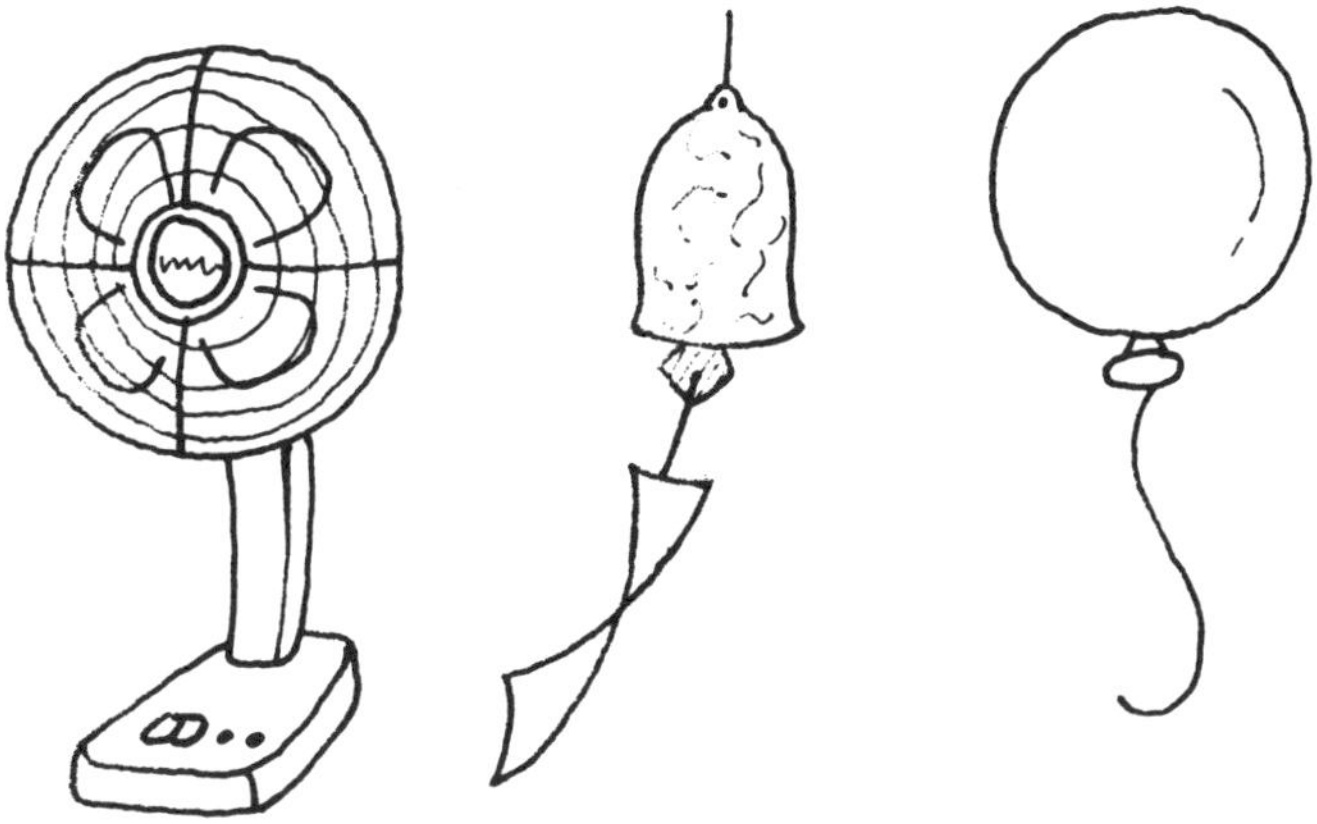

⑥

こたえ

①…音
②…金
③…光
④…工
⑤…風
⑥…黒

●漢字のでき方 一、二年

19 かん字《じ》の 算数《さんすう》

【先生・お母さんへ】漢字を構成する部分を、算数のたし算ひき算などの方法を使って組み立てさせる遊びです。

つぎの れいを 見《み》て、かん字の たし算《ざん》や ひき算を といてみよう。

なんという かん字に なるかな？（一年生《ねんせい》の 字です）

れい

田 ＋ 力 ＝ 男

森 － 木 ＝ 林

①

口 ＋ 卜 ＋ 人 ＝ ？

②

赤 － 八 － 刂 ＝ ？

③

右 － 口 ＋ 工 ＝ ？

こんどは　二年生の　かん字です。

④ ノ ＋ 米 ＋ 田 ＝ ？

⑤ 足 － 口 ＋ 土 ＝ ？

⑥ 親 － 立 － 見 ＝ ？

⑦ 黒 － 土 － 灬 ＝ ？

⑧ 雲 － 雨 ＋ 人 ＝ ？

⑨ 頭 － 豆 ＋ 彦 ＝ ？

⑩ 間 − 日 ＋ 耳 ＝ ？

⑪ （名 − 口）× 2 ＝ ？

⑫ （弓 ＋ 冫）× 2 ＝ ？

⑬ 日 ＋（ヨ × 2）＋ 隹 ＝ ？

こたえ

①…足
②…土
③…左
④…番
⑤…走
⑥…木
⑦…田
⑧…会
⑨…顔
⑩…聞
⑪…多
⑫…弱
⑬…曜

●漢字の組み立て　一、二年

20 かん字《じ》の　なぞなぞ

【先生・お母さんへ】既習の文字を組み合わせて、いろいろな漢字を考えるなぞなぞ遊びです。こうして印象づけておくと、習った漢字が頭に残って離れません。

太《ふと》い　字を　あわせると　どんな　かん字が　できるかな。

① お**日**《ひ》さまが　かがやいて、空《そら》が　**青**《あお》いときの　お天気《てんき》は？

② あの　**鳥**《とり》は、**口**《くち》を　あけて　えさを　食《た》べているのかな？

③ **止**《と》まることが　**少**《すく》ない　あの人《ひと》は、何《なに》を　している？

④ 七つの　刀《かたな》　では　「切《き》る」ですね。では　**八**つの　**刀**では　どうする？

⑤ **毎**日《まいにち》、いっぱい　**氵**（みず）の　ある　ところは　どこ？

⑥ **門**《もん》の　どこからか　**日**が　さした。どこから　さしてきたのかな？

⑦ 魚《さかな》やの　店《みせ》に　ならべた　**貝**《かい》が　**四**つ。そこへ　おきゃくが　やってきて……。

⑧ **大**《おお》きな　からだに　大きな　**、**（おへそ）。おすもうさんは　どんな　体《からだ》つき？

⑨ **也**に　土（つち）が　あると　「地《ち》」になる。**氵**（みず）が　あると　何に　な

る？

⑩ **ム**《む》**口**《くち》な　人が　立《た》っています。何の　上《うえ》に　立っているのでしょう。

⑪ お**日**さまから　**生**《う》まれた　赤《あか》ちゃんは　だれかしら？

⑫ **木**《き》の　そばに　**立**って　子どもたちが　あそぶのを　**見**《み》ているのは　だれ？

⑬ **竹**《たけ》の子学校《がっこう》の　せいとたちが　テストの　あとに　**合**《あ》わせているのは？

⑭ 子どもが　**三人**で　**日**なたぼっこ。きせつは　いつでしょう。

⑮ たろうくんが　「**十**」と　**言**《い》った。たろうくんは　何を　しているのかな。

⑯ さむらいが　力を　こめて　**弓**《ゆみ》を　ぐ**ー**んと　どうしたか？

⑰ 「おさらいが　すんだら　**コレ**を　書《か》くのよ」と　ママに　**言**われた。何を　書くのかな？

⑱ **王**《おう》さまが　こわきに　**、**（ちょん）と　かかえているのは　何だろう。

⑲ 学校の　**宀**（やね）の　下で、**子**どもが　ならっているのは？

⑳ **一**ばん　かみの毛《け》や　ひげの　**白**《しろ》い　あの　おじいさんは　何才《なんさい》ですか。

㉑ **木**の　よこに　**イ**（ひと）が　すわって　何を　している？

㉒ お日さまと お月《つき》さまが いっしょに 出《で》たら どうなるか？

こたえ

①…日と 青で、お天気は 「晴《は》」れ ②…口と 鳥で 「鳴《な》」いている ③…止まることが 少ないのは 「歩《ある》」いている ④…八と 刀で 「分《わ》」ける ⑤…氵と 毎で 「海《うみ》」 ⑥…日が さしているのは 門の 「間《あいだ》」 ⑦…四つの 貝を 「買《か》」いに来《き》ました ⑧…大に 、（おへそ）で 「太《ふと》」っている ⑨…氵に 也で 「池《いけ》」になる ⑩…ム口な 人が 立っているのは 「台《だい》」の上 ⑪…日から 生まれた 「星《ほし》」のベビー ⑫…立と 木と 見るで 「親《おや》」です ⑬…竹に 合で 「答《こた》」え ⑭…三と 人と 日で 「春《はる》」のきせつ ⑮…数を 「計《けい》」算《さん》して 「十」と 言った ⑯…弓を ぐーんと 「引《ひ》」きました ⑰…コと レと 言で 書くのは 日《にっ》「記《き》」です ⑱…王さまが 、と かかえたのは 「玉《たま》」 ⑲…宀（やね）の 下で 子どもが 「字《じ》」を ならう ⑳…一ばん ひげの 白い おじいさんは 「百《ひゃく》」才。㉑…イ（ひと）が 木の よこで 「休《やす》」んでいる ㉒…日と 月が いっしょに 出て 「明《あか》」るい

●筆順　一、二年

21 山寺《やまでら》の　ばけぎつね

【先生・お母さんへ】筆順は、美しく整った文字を書く上で大事なことです。低学年のうちに正しくしつけましょう。後掲の五つの原則は、きちんと守らせてください。

山寺に、おしょうさんと　こぞうさんが　すんでいました。毎日《まいにち》、ほとけさまに　おきょうを　あげ、おそなえものを　さしあげて　くらしていました。

ある日《ひ》のこと、

「こぞうや、わしは　里《さと》に　ほうじが　あるので、ちょっと　出《で》かけてくる。るすを　たのんだよ。」

「はいはい、いってらっしゃいませ。」

と、おしょうさんに　たのまれて、こぞうさんは　おるすばんを　することに　なりました。

寺の　うら山に　二ひきの　いたずらぎつねが、い

ました。

「しめしめ、おしょうさんが　出かけたぞ。」

「るすの　間《あいだ》に　おそなえものの　だんごを　いただくと　しよう。」

二ひきは、ご本《ほん》どうに　しのびこみました。

「やっ！　この　いたずらぎつね。」

こぞうさんに　みつけられて、二ひきは　あわてて　にげ出しました。

そのとき、ちょうど　おしょうさんが　かえってきました。

「しまった！　それ、ばけろ！」

二ひきは、くるりと　とんぼがえりを　すると、こぞうさんに　ばけました。

「やや、こりゃ　どうじゃ。こぞうが　三人《にん》に　なったぞ。」

おしょうさんは　目《め》を　まるくしました。どの　こぞうさんを　見《み》ても　そっくりで　どれが　本ものの　こぞうさんか　さっぱり　わかりません。

「おしょうさま、わたしが　本ものの　こぞうです。あとの　二人は　きつねです。」

「いいえ、わたしが　本ものです。」

「わたしです。」

「おやおや、これは　こまった……。」

おしょうさんは、考《かんが》えこみましたが、やがて　いいことを　考えつきました。

「三人とも、書きぞめを　して見せて　おくれ。みんな　この『正月《しょうがつ》』という　字《じ》を　書《か》いてごらん。」

おしょうさんに　言《い》われて、三人の　こぞうさんは、紙《かみ》と　ふでを　もってくると　お手本《てほん》の　とおりに　書きはじめました。すると、とちゅうで　おしょうさんは、

「そこまでで　よい。本ものの　こぞうは、おまえじゃ。あとの　二人は　きつねと　わかったぞ。」

と言《い》いました。どうしてか　わかりますか？　絵《え》を　見て　考えましょう。

こたえ

おしょうさんは、かん字の 書きじゅんで 本ものの こぞうさんと きつねとを 見わけたのです。

正は 一 丅 下 𤴓 正

の じゅんに 書きます。

本ものの こぞうさんは、おしょうさんから、教《おそ》わっていたので ちゃんと 書けますが、きつねは お手本を 見て でたらめな じゅんに 書いて 見やぶられて しまったのです。

おぼえておこう

五つの 書きじゅんの きまり

① 左《ひだり》から 右《みぎ》へ書く

丿 川 川

氵 汇 海

② 上《うえ》から 下《した》へ書く

一 二 三

𠆢 今 会

③ 中《なか》を さきに書く

亅 才 水

白 泊 楽

④ 外《そと》がわを さきに 書く

冂 目 目

門 門 聞

⑤ つきぬけるぼう、辶《しんにょう》は あとで

冂 口 中

⺌ 䒑 半

䒑 首 道

22 ゴー・ストップゲーム

●話しことば　一、二年

【先生・お母さんへ】話された事がらをしっかり聞きとり、その内容が正しいか誤りかをすばやく判断する力を養って、音声言語駆使の能力を高める遊びです。

❖ようい する　もの

人数《にんずう》ぶんの　赤《あか》と　青《あお》の　色紙《いろがみ》

❖ゲームの　やりかた

先生《せんせい》：みんなで　ゴー・ストップゲームを　しましょう。

これから　みじかい　お話《はなし》を　します。よく聞《き》いて、お話の　なかみが　うそか　ほんとか　考《かん》えてください。

お話が　おわったら、あいずを　します。

うそだと　思《おも》ったら「ストップ」と　いって、赤い紙を　上《あ》げてください。ほんとだと　思ったら「ゴー」と　いって　青い紙を　上げてください。では、はじめましょう。

れい

•アイウエオを　ぎゃくに　いうと　オエウイアです。（ゴー）
•さくらの花《はな》は、夏《なつ》に　さきます。（ストップ：さくらは　春《はる》に　さく）
•木《もく》よう日《び》の　前《まえ》は　水《すい》よう日、あとは　金《きん》よう日です。（ゴー）
•くじらは、海《うみ》に　いる　一ばん　大《おお》きな　魚《さかな》です。（ストップ：くじらは　ほにゅうるいで　魚では　ない）
•五たす　八　ひく　三の　こたえは　十です。（ゴー）
•白雪《しらゆき》ひめは、かぼちゃの　馬車《ばしゃ》で　おしろへ　行《い》きました。（ストップ：かぼちゃの馬車に　のるのは　シンデレラ）
•しんかんせんは、日本《にっぽん》で　一ばん　はやい　電車《でんしゃ》です。（ゴー）

☆大ぜいで　やるときは、みんなが　立《た》ってやり、　まちがえたら　すわらせて　いくと　いいでしょう。

23 まちがいかん字《じ》たんけんたい

●漢字の誤記・類似識別　一、二年

【先生・お母さんへ】一、二年生の誤記のほとんどが、似た字との混同、画の脱落や、鏡文字によるものです。よく見て、類字との差異に気づかせてください。

❖まちがいかん字の　ぬり絵《え》

かん字は　よくにた　字と　書《か》きまちがいを　します。つぎのような　ものが　よく
まちがえる　れいです。よく　見《み》て　つぎの　ページの　ぬり絵に　ちょうせんしよう！

土《つち》　上×　士×	赤《あか》　赤×　青《あお》とまちがう
右《みぎ》　石×　左×	先《せん》　先×　ノをぬかす
正《ただ(しい)》　止×　[illegible]×	百《ひゃく》　一がない　白《しろ》と
空《そら》　空×　でると　まちがい	林《はやし》　森×
人《ひと》　入×	年《とし》　年×

正《ただ》しい　かん字の　ところだけ　ぬると　ある　ものが　出《で》て　くるよ。

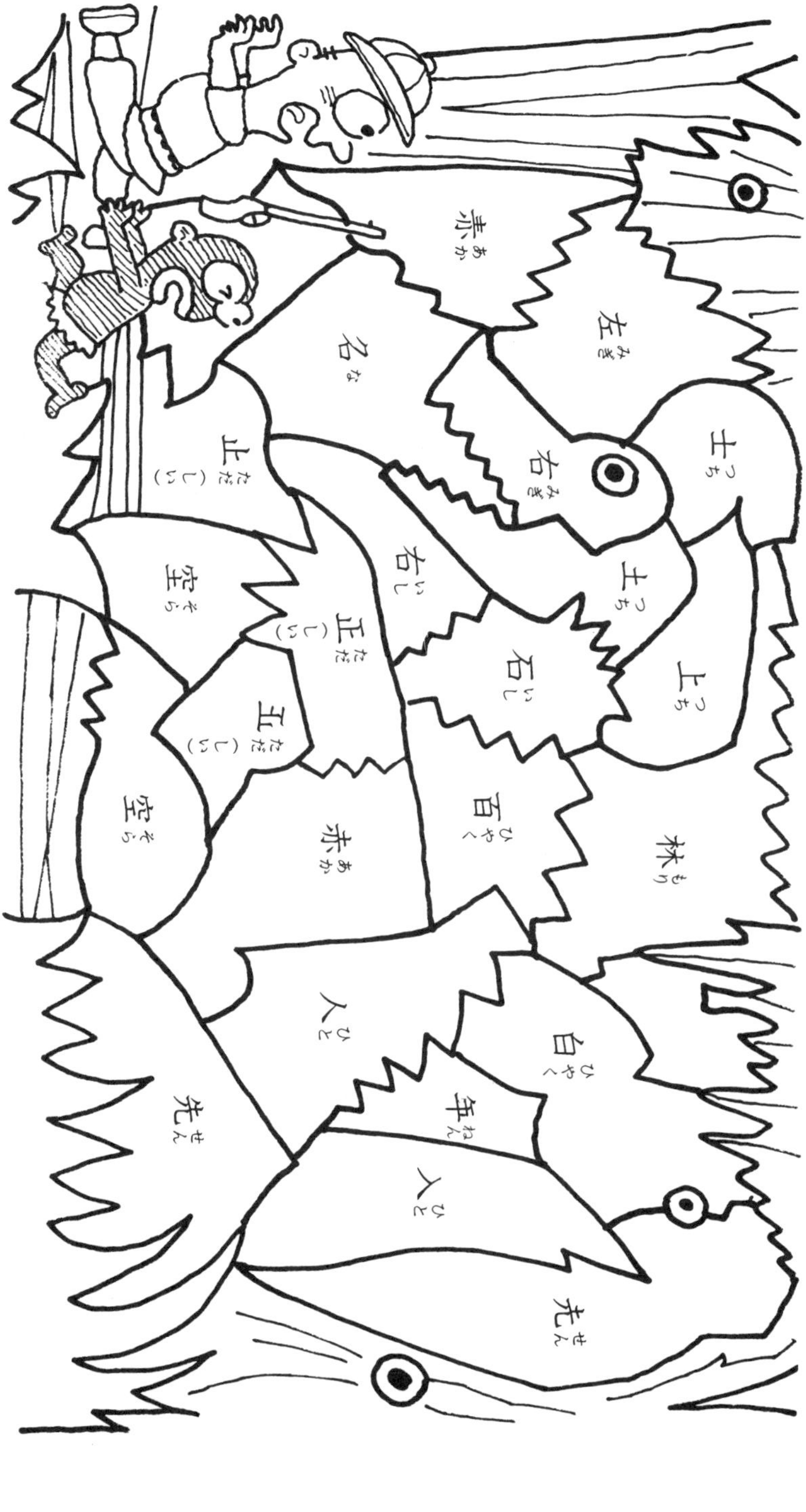

❖正しい　かん字の　めいろ

正しい　かん字の　道《みち》を　たどって　たからの　山《やま》の　ちょう上《じょう》へ　行《い》こう！

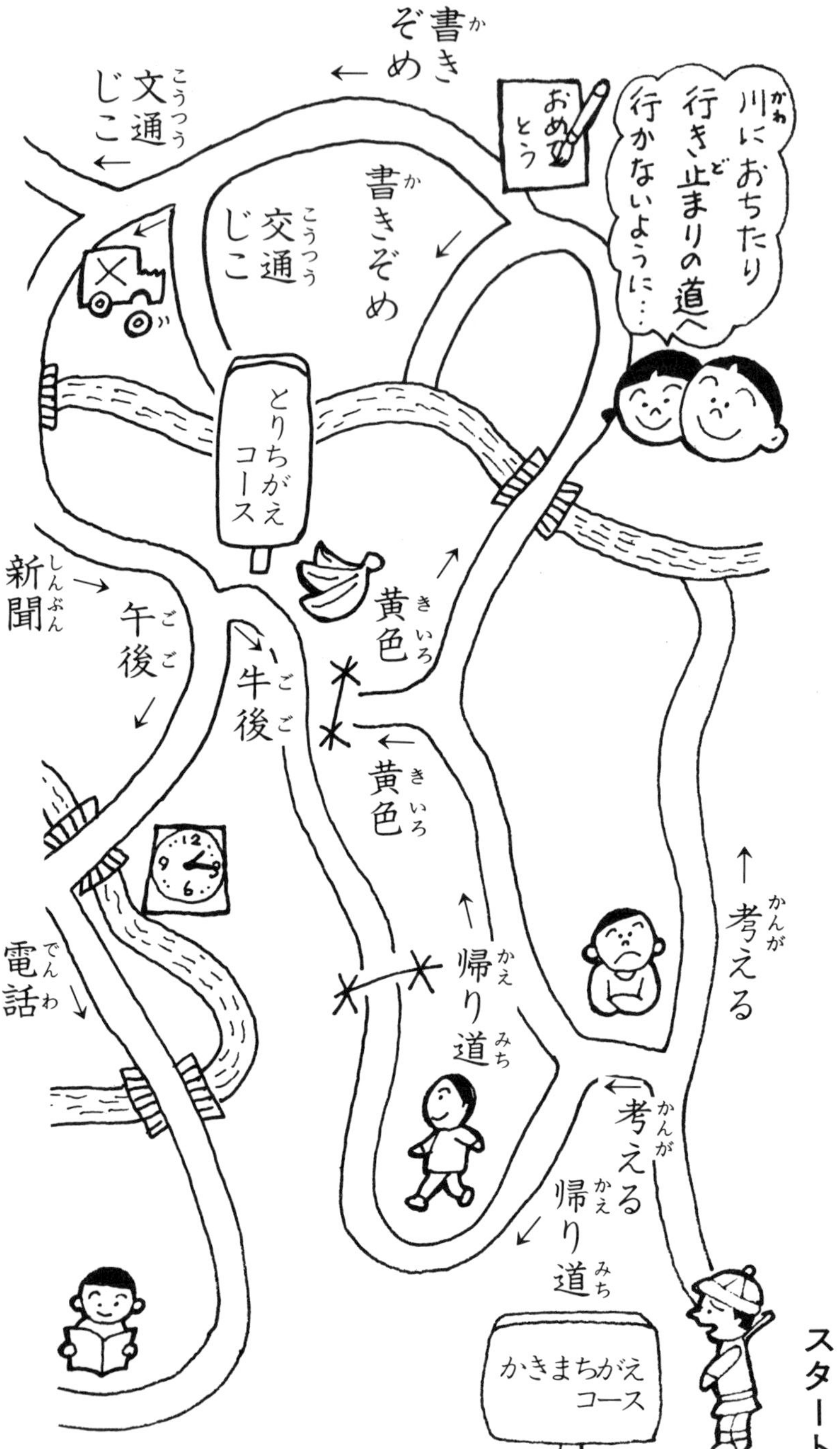
スタート
川《かわ》におちたり
行き止《ど》まりの道へ
行かないように…
おめでとう
考《かん》える
考《かん》える
帰《かえ》り道《みち》
帰《かえ》り道《みち》
かきまちがえコース
黄色《きいろ》
黄色《きいろ》
牛後《ごご》
午後《ごご》
とりちがえコース
書《か》きぞめ
交通《こうつう》じこ
書《か》きぞめ
文通《こうつう》じこ
新聞《しんぶん》
電話《でんわ》

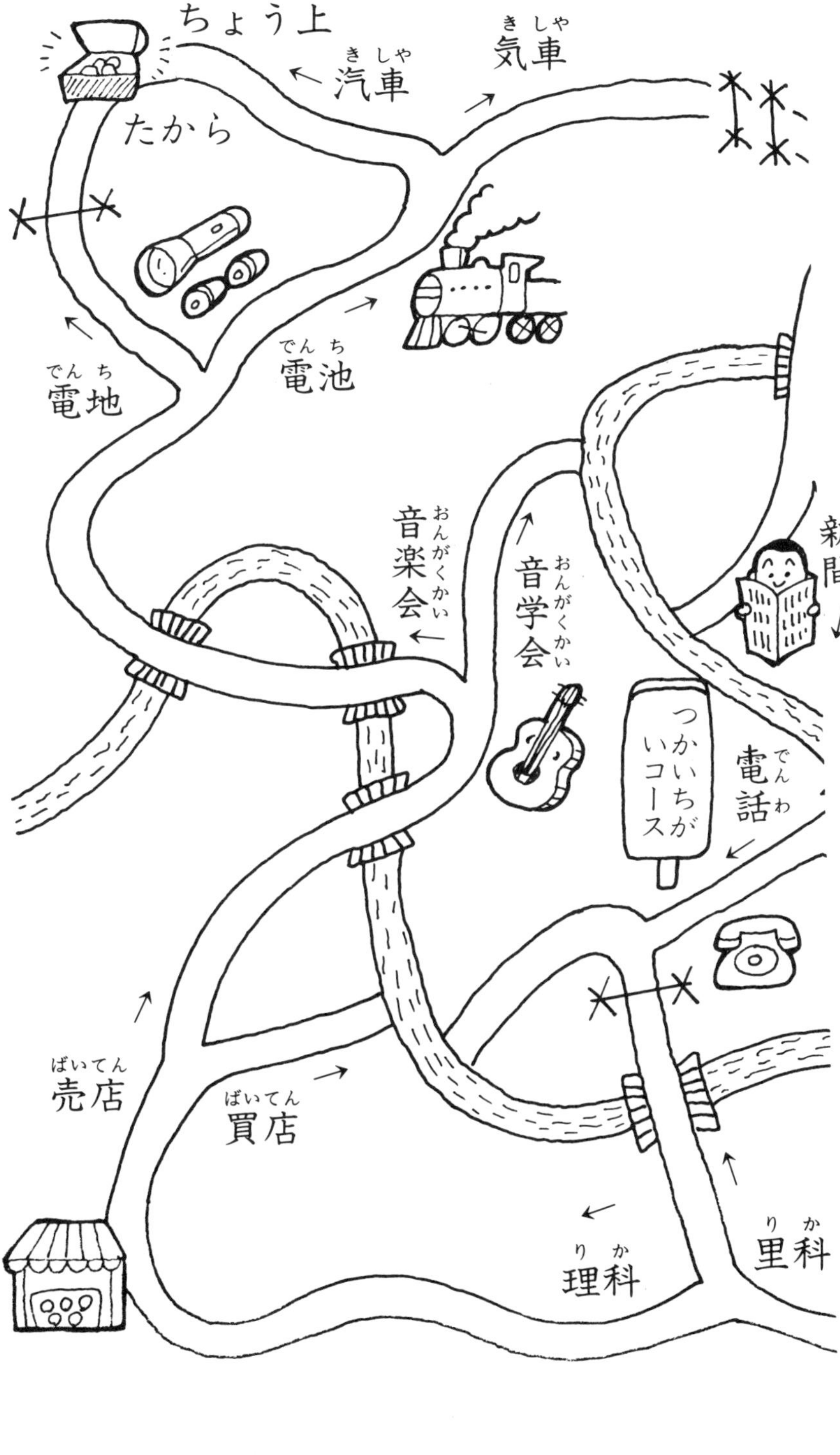
ちょう上
汽車《きしゃ》
気車《きしゃ》
たから
電池《でんち》
電地《でんち》
音楽会《おんがくかい》
音学会《おんがくかい》
新聞《しんぶん》
つかいちがいコース
電話《でんわ》
売店《ばいてん》
買店《ばいてん》
理科《りか》
里科《りか》

まちがいかん字の　ぬり絵

正しい　かん字の　めいろ

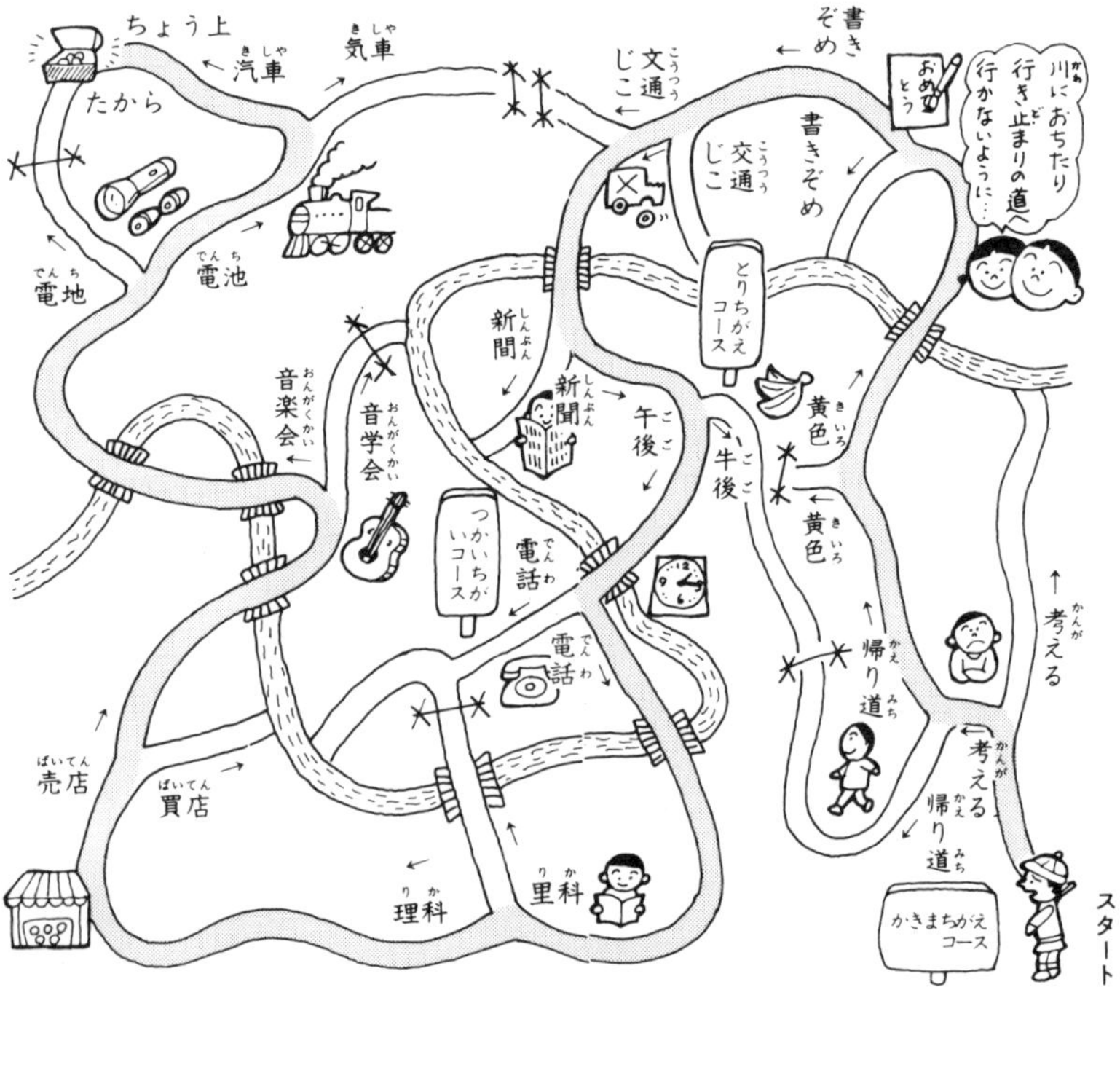

●漢熟語 一、二年

24 しりとりかん字《じ》

【先生・お母さんへ】習った漢字を組み合わせると言葉（熟語）ができることを教えます。また身のまわりには多くの漢熟語があることを例をあげて気づかせましょう。

❖しりとりかん字

□の中《なか》に かん字を 入《い》れて しりとりを してみよう。ヒントも よんでね。

れい

花
□
山

花
火
山

はなび ← 花火
かざん ← 火山

①

正
□
見

あけまして おめでとう
すすきと おだんごを そなえよう

②

先
□
糸

学校《がっこう》で いちばん すきな人《ひと》
かいこから とって おりものを つくる

③ ○○の ためえんそくは なし
あしたの ○○は「はれ」かな

雨
気

④ ゴットン うごいて こなを ひく
こみあいますから なかほどへ

水
中

こんどは すこし むずかしいですよ。

⑤ 小《しょう》せつを かく人
今年《ことし》の つぎは？
切《き》り紙《がみ》や ねんどざいく
主人《しゅじん》に つかえるのはだれ？

作
来

⑥ ノーヒントで やってみよう！

当
地
画

図 工 家
年 番 天
生
月 車

◀この中から えらんでね

こたえ
①…月 ②…生 ③…天 ④…車
⑤…工、家、年 ⑥…番、図

❖かん字クロスワード

クロスワードも　といてごらん。絵《え》が　ヒントです。

①

	用	
下		道
	池	

②

		正
		方
京	人	

③

絵		記
	本	
	刀	

④

赤		
	五	夜
字		

⑤

	魚	
	市	
工		長

こたえ

①…水　②…形　③…日

④…十　⑤…場

●熟字訓　一、二年

25 ものしりかん字《じ》

【先生・お母さんへ】漢字には、音読みと訓読みのほかに、熟字訓という特殊な読み方があることを知らせます。身近な事物の中から、いろいろな例をさがしてください。

よく　しっている　かん字でも、組《く》みあわせると　とくべつの　よみ方《かた》を　します。おぼえておいて　ともだちに　テストを　してごらん。

七夕	大人

① おりひめと　ひこぼしが　あう日《ひ》。

② 子《こ》どもも　やがて　〇〇〇に　なる。

百足	百合

③ 足《あし》の　たくさん　ある　虫《むし》です。

④ とても　いい　においのする　花《はな》です。

上手	水母

⑤ あなたは　うたが　〇〇〇〇ですね。

⑥ イタッ！　海《うみ》の　中《なか》で　さされると　いたいよ。

時計

⑦ じかんを しらせる きかい。

海星

⑧ 海に いる ほしの かたちを した いきもの。

竹刀

⑨ えい！ やっ！ けんどうの どうぐです。

秋刀魚

⑩ あきに とれる おいしい さかな。

こたえ

①…たなばた ②…おとな ③…むかで ④…ゆり ⑤…じょうず ⑥…くらげ
⑦…とけい ⑧…ひとで ⑨…しない ⑩…さんま

そのほかにも こんなに いろいろ あります。

東風《こち》	心地《ここち》	時雨《しぐれ》	太刀《たち》
今日《きょう》	海女《あま》	五月晴《さつきばれ》	川原《かわら》
行方《ゆくえ》	八百屋《やおや》	母屋《おもや》	一日《ついたち》

26 三つの ヒント
●話しことば 一、二年

【先生・お母さんへ】部分の文字からことば全体を考え、さらに三つのことばから上位の概念を推理させる遊びで、語いを増やし、思考力を伸ばします。

❖ようい する もの

① なぞなぞカード

② ヒントカード三まい

❖ゲームの やりかた

先生《せんせい》：ここに、なぞなぞカードが あります。こたえは、ひらがなで 四字《じ》の ことばです。下《した》に、①②③と 三まいの ヒントカードが あります。どの カードも 字が かくして あります。赤組《あかぐみ》と 白組《しろぐみ》と、かわりばんこに、一字ずつ あけて、ことばを あててください。三まいとも わかったら、それを ヒントに なぞなぞカードの ことばを 考《かんが》えてください。早《はや》く わかったほうが かちです。では、赤組から はじめてください。

赤：ヒントカードの　①の　1を　あけてください。
先生：「**お**」でした。つぎは　白組です。
白：じゃ、①の　4を　あけてみましょう。
先生：「**う**」でした。「**お□□う**」です。
白：わかった。ヒントの　①は　「**おはよう**」だ。
先生：あたりました。では、べつの　二まいの
　カードを　あてて　ください。
赤：②の　1を　あけて　ください。
白：③の　1を　あけて　ください。
赤：②の　3を　あけて　ください。
白：③の　3を　あけて　ください。
赤：③の　6を　あけて　ください。
白：②は　「**さよなら**」　③は　「**いただきます**」じゃないか。
赤：わかりました！　なぞなぞことばは、「**あいさつ**」です。

なぞなぞことば

?

ヒントカード

	1	2	3	4	5	6
①	お	□	□	う		
②	さ	□	な	□		
③	い	□	だ	□	□	す

27 うりこひめと　あまんじゃく

●反対語　一、二年

【先生・お母さんへ】低学年では「行く」の反対は問うと「行かない」と答える子がいます。打ち消し型ではなく、言いかえ型の反対語を、組にして覚えさせましょう。

山《やま》の　ふもとの　一けんやに、うりこひめと　いう　女《おんな》の子《こ》が　すんでいました。

ある日《ひ》、いい　お天気《てんき》なので、うりこひめは、たらいに　せんたくものを　いっぱい入《い》れて、いどばたに　出《で》ていきました。

うりこひめが　水《みず》を　くんでいると、いどの　中《なか》に　へんな　顔《かお》が　うつりました。

見《み》ると、そばの　木《き》の　上《うえ》に、あまんじゃくが　のぼっていました。

あまんじゃくは、山おくに　すむ　おにの　子です。だいの　へそまがりで、おまけに　つむじまがり。なんでも　人《ひと》と　はんたいの　ことばかり　いったり　したりするきらわれものです。

うりこひめが、あまんじゃくに、

「おはよう、あまんじゃくさん。いい　お天気ね。」

と、いうと、あまんじゃくは、

「へっ、おそいよう。おまけに　きょうは　わるい　天気だ。」

と、いつものように　はんたいを　いいました。

「また　はじまった。なんでも　人の　いうことに　はんたいして　にくらしい子。」

うりこひめが　そういうと、あまんじゃくは、

「そんなこと　あるもんかい。おれは、なんでも　人の　いうことに　［　①　］する［　②　］子だもん。」

と、にやりと　わらって　こたえました。

「ところで、うりこひめは、なに　してるんだ。」

「おせんたくを　しているの。ほら、ていねいに　あらったので　こんなに　きれい。」

「へん、いいかげんに　あらったから、かえって　きたなくなったぞ。」

「なによ、わる口《くち》ばかり　いって。」

「ほめて　いるんだよ。」

「あんたなんか　だあいきらい！　あそんでなんか　やるもんか。」

「だあいすきだろう。だから　いっしょに　あそぼうよ。」

さて　もんだい。文《ぶん》の　①と　②の　□の　中に、ちょうど　あてはまる　ことばを　いれましょう。

あまんじゃくは　家《いえ》の　中に　入《はい》って　こようと　します。うりこひめは　なんとか　おっぱらう　方《ほう》ほうは　ないものかと　考《かんが》え、いいことを　思《おも》いつきました。
うりこひめは　なんと　いったのでしょうか。
あまんじゃくは　なんと　こたえたのでしょう。

絵《え》の ふきだしの ③と ④に 入れてください。

うりこひめが つぎの ように いったら、あまんじゃくは なんと いって はんたい するでしょう。せんの ところの はんたいことばを 考えて みましょう。

⑤ 小《ちい》さい きれいな 花《はな》。

⑥ 太《ふと》くて 長《なが》い だいこん。

⑦ 遠《とお》くに ある 高《たか》い 山。

⑧ 大《おお》きな 強《つよ》い 犬《いぬ》。

⑨ 車《くるま》を おし出《だ》す。

⑩ 朝《あさ》が 早《はや》い。

⑪ 新《あたら》しい きものを 買《か》います。

⑫ 木の 下《した》から 見《み》上《あ》げる。

⑬ 春《はる》は あたたかく、夏《なつ》は あつい。

こたえ

①…さんせい ②…かわいい ③…「入って あそびましょう。」 ④…「入らない。あそばないで かえるよ。」 ⑤…大きい きたない ⑥…ほそくて みじかい ⑦…近《ちか》く ひくい ⑧…小さな 弱《よわ》い ⑨…ひき入れる ⑩…夜《よる》 おそい ⑪…古《ふる》い 売《う》り ⑫…上 見《み》下《お》ろす ⑬…秋《あき》 すずしく 冬《ふゆ》 さむい

❖はんたいことばつなぎクイズ

①〜⑥と (あ)〜(か)、⑦〜⑫と (き)〜(し)の はんたい ことばを せんで むすぼう。

① せまい・　　・(あ) ひろう

② すてる・　　・(い) くるしい

③ 楽《たの》しい・　　・(う) 広《ひろ》い

④ うれしい・　　・(え) かなしい

⑤ あわてる・　　・(お) せいこう

⑥ しっぱい・　　・(か) おちつく

⑦ あんぜん・　　・(き) きけん

⑧ 昼《ひる》・　　・(く) 外《そと》がわ

⑨ うちがわ・　　・(け) 夜

⑩ 後《うし》ろ・　　・(こ) 少《すく》ない

⑪ 東《ひがし》・　　・(さ) 前《まえ》

⑫ 多《おお》い・　　・(し) 西《にし》

こたえ

①―(う)　③―(い)　⑤―(か)　⑦―(き)　⑨―(く)　⑪―(し)

②―(あ)　④―(え)　⑥―(お)　⑧―(け)　⑩―(さ)　⑫―(こ)

❖はんたいことばなぞなぞ

つぎの　なぞなぞの　こたえを　かこみの　Ⓐ〜Ⓚの　中から　えらんでください。

① さむく　なれば　なるほど、はんたいに　あつく　なる　ものは　なあに？
② 遠くに　あるのに、近くに　あると　いう　お店《みせ》は　なにやさん？
③ 前に　すすむと　まけに　なって、後ろに　さがるほど　かつ　ゲームは？
④ たたいて、しかられるどころか　ほめられるのは、どこを　たたいたから？
⑤ すわれば　高くなり、立《た》つと　かえって　ひくくなる　ものは　なんでしょう。
⑥ とれば　とるほど、へるどころか　ふえる　ものは？
⑦ ここに　あるのに、ありませんと　いう　くだものは　なあに？

あ…かた　い…そばや　う…天じょう　え…なし お…こおり　か…とし　き…つなひき

こたえ

①…お　②…い　③…き　④…あ　⑤…う　⑥…か　⑦…え

28 おやおやどうぶつえん

●国語総合力・思考　一、二年

【先生・お母さんへ】文字と数詞の結合、戯画文字、絵解き、音訓、とんち読みなど、文字語いをもとにした遊びです。同じやり方でいろいろな物の名を作らせましょう。

どうぶつえんの　かわった　かんばんが　あります。どんな　どうぶつが　いるかな。

①

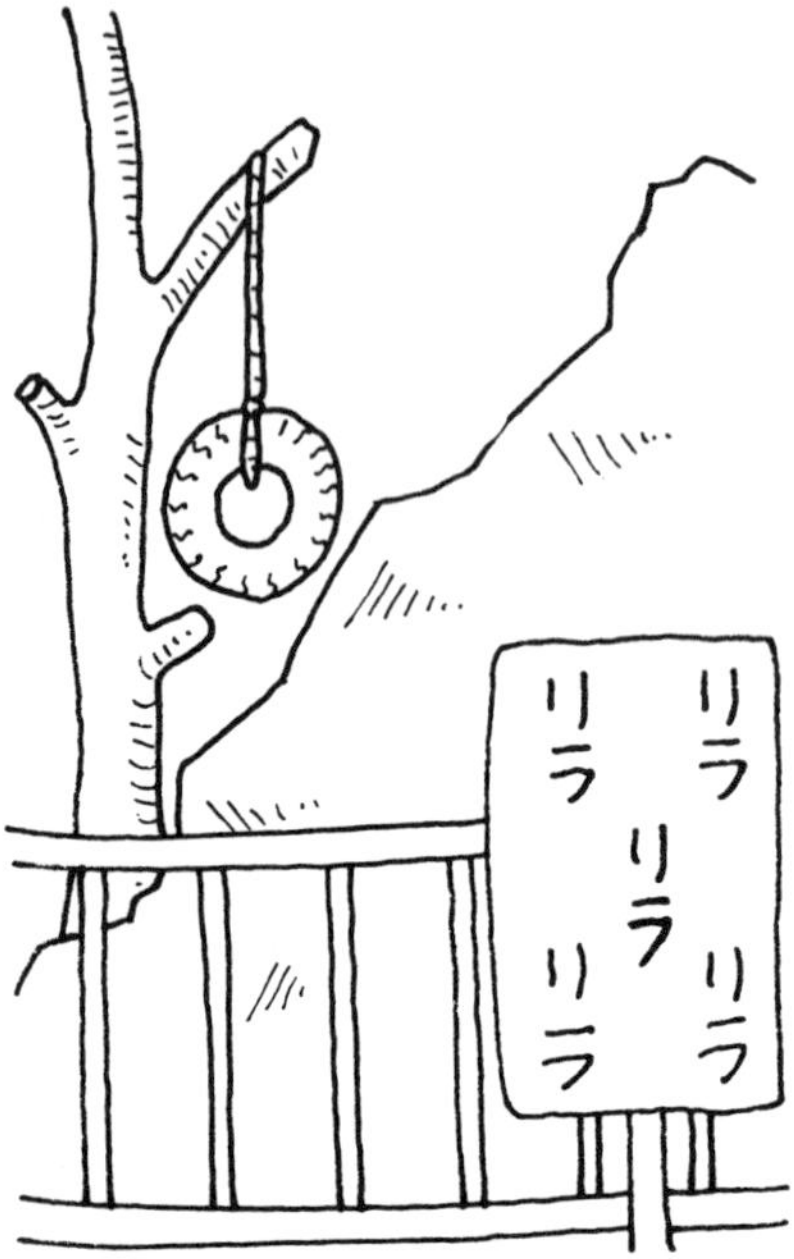

②

③

④

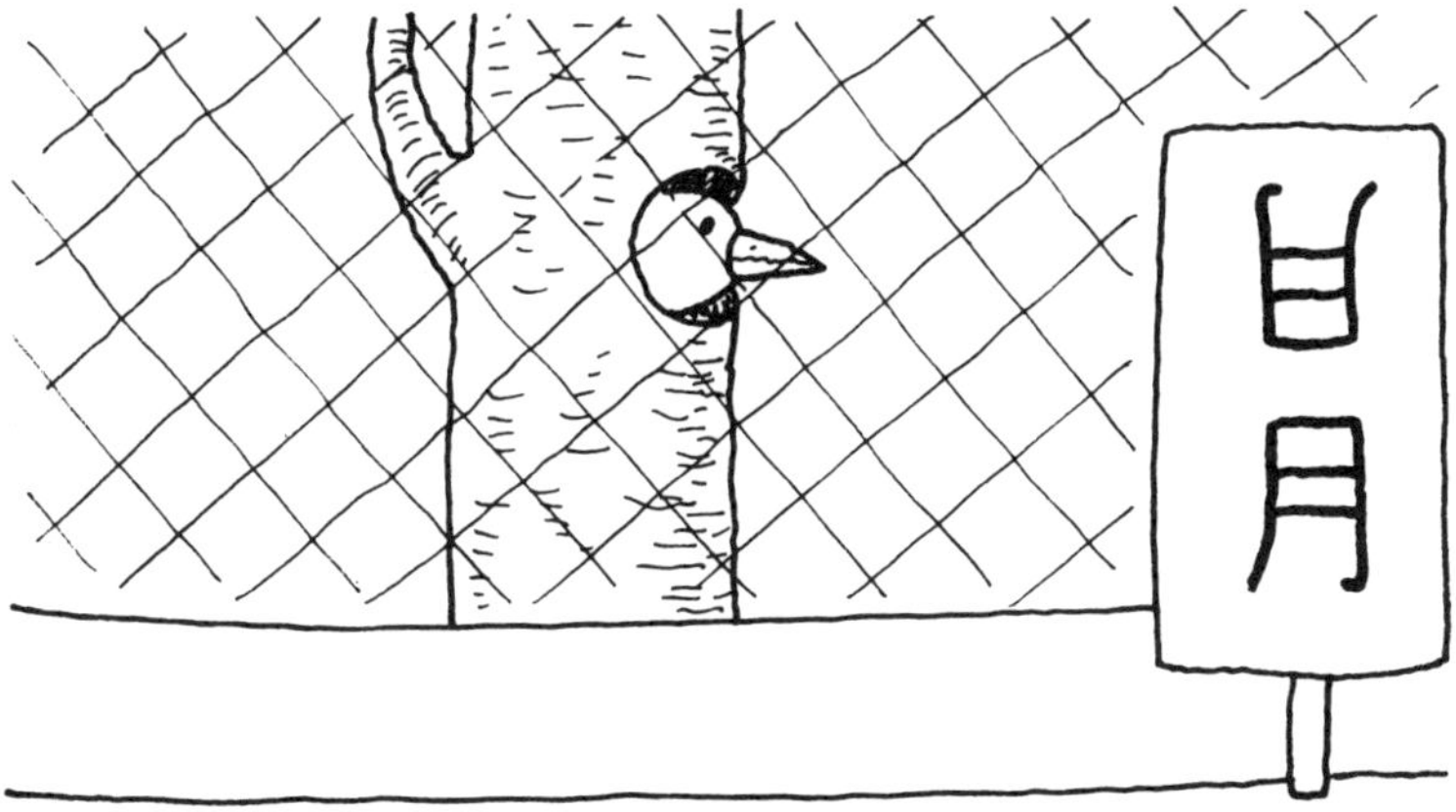

⑤

こたえ

①…ゴリラ（リラが　五つ　ある）　②…ぞう（「ぞ」の　字が　ながく　のびている）
③…さい（さいころの　はんぶん）　④…きつつき（「つき」の　さかさまと　つき）
⑤…かば（かばんから　「ん」を　ひく）　⑥…ライオン（来年《らいねん》の「らい」と　音楽《おんがく》の　「おん」）

⑥

●話しことば　一、二年

29 ことばの　リレー

【先生・お母さんへ】基本文型をしりとりで交互に続けていく遊びで、単なる語だけのしりとりより、いっそう、文型への意識を高めるのに役立ちます。

❖ようい する もの

カスタネット、すずなど、音《おと》の　出《で》る　もの。

❖ゲームの　やりかた

・やる人たちは、赤《あか》と　白《しろ》の　二組《くみ》に　わかれます。

・だいを　きめて、赤組から　「なには、どんなだ」（「どうした」「なんだ」）と　いう、みじかい　文《ぶん》を　いいます。その　文の　おわりを　とって、白組が　つづけます。

・音の　出る　もので　リズムを　とって、うたを　うたうように、ゆっくりと　いいます。

赤：雪《ゆき》と　いう　だいで　はじめましょう。　**白**：ゆーきは　白い。（チン）

赤：しーろいのは　うさぎ。（カタカタ）　**白**：うさぎの　耳《みみ》は　なーがい。（チン）
赤：なーがいのは　レール。（カタカタ）　**白**：レールは　ひかる。（チン）
赤：ひーかるのは　でんき。（カタカタ）　**白**：でんきは　きえる。（チン）
赤：きーえるのは　おばけ。（カタカタ）　**白**：おばけは　こわい。（チン）
赤：こーわいのは……。

・おやおや、つぎが　出なくなりましたね。つづかなくなったら、あいての　チームが、音の出る　どうぐを　つかって、五つ　かぞえます。チン……チン……チン……チン……チン。

・かぞえる　あいだに、その人が　いえないときは、「アウト」と　いって、あいての　組の　だれかが、かわりに　いいます。

白：こーわいのは、お、か、あ、さ、ん。

白組が　一てん　かちました。

☆二人いじょうなら、何人《なんにん》でも　あそべる　ゲームです。

●作文　一、二年

30 作文《さくぶん》クイズ　春夏秋冬《しゅんかしゅうとう》

【先生・お母さんへ】一、二年生の作文には、クイズにあるような誤りが多く見られます。低学年のうちから読み直しや考え直しの習慣を少しずつ育てておきましょう。

❖つながり文さがしクイズ―春《はる》

かこみの　中《なか》の　書《か》き出《だ》しに　つながらない　文は　あ〜えの　うち　どれでしょう。一つだけ　あります。

①　こうえんの　さくらが　きれいに　さきました。

Ⓐ下《した》を　とおって　見上《みあ》げたら、花《はな》の　トンネルのようでした。
Ⓘお花見《はなみ》の　人《ひと》たちが　おさけを　のんで、うたっていました。
Ⓤ日《にち》ように、あさがおの　たねまきを　します。

②　ねえさんと　土手《どて》に　つみくさに　行《い》きました。

あ　天気《てんき》が　いいので、大《おお》ぜいの　人が　つみくさを　していました。

い　かごに　いっぱい　よもぎの　はを　つみました。

う　つぎの　日ようびは、おとうさんと　つりに　行きたいです。

え　つんできた　よもぎで、くさもちを　つくりました。

③　三月三日は　ももの　せっくです。

あ　よしこさんの　うちへ　あつまって、ひなまつりを　しました。

い　おだいりさまや　五人《にん》ばやしが　きれいに　かざってありました。

う　あられを　たべて、みんなで　ひなまつりの　うたを　うたいました。

え　かえって、おふろに　はいり、テレビを　見《み》てから　ねました。

④ 花《か》だんの チューリップの つぼみが ふくらんで きました。

㋐ 花だんに、ありが すを つくって います。
㋑ 赤《あか》や 白《しろ》や きいろや、いろいろな いろが あります。
㋒ きょねんの あきに きゅうこんを うえた ものです。
㋓ はやく 花が ひらくと いいなと おもいました。

作文は、だいを きめたら それに かんけいの ある ことだけ 書《か》くように しましょう。べつの ことや よけいな ことを 書くと、ねらいが ぼけて よい 作文に なりません。

こたえ

①…㋒(「たねまき」は だいと べつの こと) ②…㋒(「つり」は だいと べつ)
③…㋓(「おふろ」「テレビ」は よけいな こと) ④…㋐(「ありのす」は いりません)

❖ばらばらことばクイズ—夏《なつ》

ばらばらに なって いる たんざくを いみの とおる 文に なるよう ならべてみましょう。

① 「たなばた」の はなし

たんざくに

書いて、

ささの はに

「天《あま》の川《がわ》」と

むすびました。

② 「山《やま》のぼり」の はなし

見ました。

みちの そばの

あそんで いるのを

木《き》の 上《うえ》で、

かわいい りすが

③「プール」の はなし

ぼくは 五〇メートル

きろくかいが あり、

みごと 五きゅうに

学校《がっこう》の プールで

およぎきって、

ごうかくしました。

④「おまつり」の はなし

そろいの ゆかたを きて、

大《おお》きな たいこを のせた

まわりあるきました。

ひいて、町中《まちじゅう》を

車《くるま》の つなを

わたしは、ねえさんと

こたえ

①…「たんざくに 『天の川』と 書いて ささのはに むすびました」 ②…「かわいい りすが みちの そばの 木の 上で あそんでいるのを 見ました。」

③…「学校の　プールで　きろくかいが　あり、ぼくは　五〇メートル　およぎきって、みごと　五きゅうに　ごうかくしました。」④…「わたしは、ねえさんと　そろいの　ゆかたを　きて、大きな　たいこを　のせた　車の　つなを　ひいて、町中を　まわりあるきました。」

❖ぴったりことばさがしクイズ―秋《あき》

文の　とちゅうの（　）の　中の　二つの　ことばの　うち、ぴったり　した　ものを　えらびましょう。

① うんどう会《かい》の　きょうそうで　ころんだ。ぼくは　すぐに　おきて　（むちゅうで・はりきって）　走《はし》った。でも、（くやしかった・にくらしかった）。

② うちの　赤《あか》ちゃんは、（くるくる・まるまる）と　太《ふと》っています。お母《かあ》さんが　おむつを　かえてやると　足《あし》を　（ばたばた・よちよち）させて　よろこびます。

③ 日ようびに　みんなで　ゆうえん地《ち》に　いきました。（それから・はじめに）ティーカップに　のりました。（つぎに・また）、ジェットコースターに　のって　お

もしろかったです。

④　こんやは　十五夜《や》です。まんまるお月《つき》さまが　東《ひがし》の　空《そら》に　あかるく　（かがやいて・きらめいて）　います。わたしは、お月さまに　すすきと　おだんごを　（さしあげました・おそなえしました）。

⑤　くさむらで　きりぎりすを　つかまえました。虫《むし》めがねで　（かんさつ・見学《けんがく》）してから、色《いろ》えんぴつで　きれいに　（ぬり絵《え》・しゃせい）しました。

こたえ

①…むちゅうで、くやしかった　②…まるまる、ばたばた　③…はじめに、つぎに

④…かがやいて、おそなえしました　⑤…かんさつ、しゃせい

❖虫さがしクイズ―秋

よく しっている 虫の 名まえばかりです。絵を 見て あてて ください。

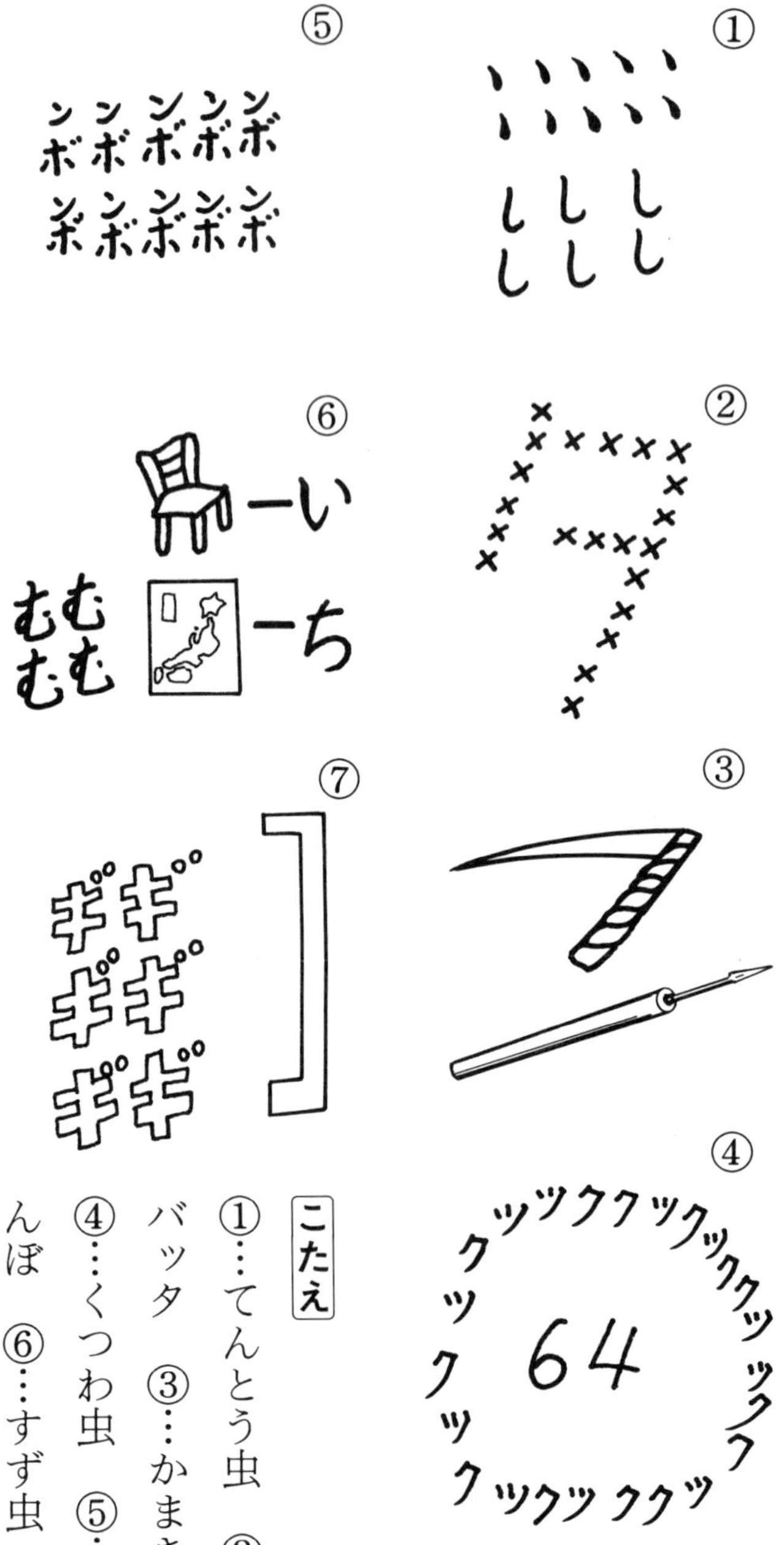

こたえ

①…てんとう虫　②…バッタ　③…かまきり　④…くつわ虫　⑤…とんぼ　⑥…すず虫　⑦…こおろぎ

❖作文まちがいさがし—冬《ふゆ》

れいじくんの　書いた　「まめまき」の　作文です。おやおや、①〜④の　どれにも　へんな　ところや　まちがった　書きかたの　ところが　三つずつ　あります。よく　よんで　まちがった　ところに　線《せん》を　ひいてみてください。

①　二月三日は　せつぶんです。ぼくは、ママに、
「ことしは、とし男《おとこ》だから　まめを　まきなさい。」

と、ママに　いわれて　はりきりました。まめまきを　夕《ゆう》ごはんの　あとで　まきました。まず、こどもべや、つぎに　おふろばと　といれに　まきました。

②　ぼくは、ますに　人れた　まめを　つかんで、
「ふくは　うち、おには　そと！」
と　いいながら、まきました。弟とと、いっしょに　まきました。となりの　家《いえ》からも　「ふくは　うち」と、まめまきの　声《こえ》が　聞こえてきました。

③　そこへ、おにの　おめんを　かぶって、「うおお」と　いって　とび出《だ》してきまし

た。

そのおめんは、ぼくが、図工《ずこう》の　じかんに　作《つく》った　ものです。ぼくは、図工より　体《たい》いくの　ほうが　すきです。ぼくが　まめを　ぶつけたら、にげ出したので、

「パパおに　よわい。おにいちゃんの　かち。」

と、手《て》を　たたいて　よろこんで　いました。

④　まめまきを　すんでから　としの　数《かず》だけ　まめを　食《た》べました。パパは　三十六、ママは　三十二です。ぼくは、としの　数の　七つでは　たりないのに、ちゃわんに　いっぱい　食べたので、ママが、

「そんなに　食べたら　おなかを　こわしますよ。」

と、しかられて　しまいました。

こたえ

①…(1)「ママに」が　二回ある。(2)「まめまきを……まきました」はおかしい。「しました」が　正しい。(3)「といれ」は　かたかなで　書こう。

②…(1)「入れた」は「入れた」の　まちがい　(2)「弟と」の　とは　いらない。(3)「聞こえる」ではなく「聞こえる」に。にている　かん字に　ちゅうい！

③…(1)おにに　なったのは　だれ？(パパ)　(2)手をたたいたのは　だれ？(弟)　書くのを　わすれているよ。(3)「体いく」の　ことは　書かなくても　いいね。

④…(1)「まめまきを」ではなくて「……が」　(2)「たりないのに」ではなくて「……ので」　(3)「ママが……しかられて」では　おかしい。「ママに」が　正しい。「てにをはことば」に　気をつけよう！

●話しことば　一、二年

31「なにが　どうした」あてゲーム

【先生・お母さんへ】主語と述語を組み合わせた基本文型への理解を助ける遊びです。名詞＋動詞のほか、名詞＋形容詞の文型も扱うとよいでしょう。

❖ようい　する　もの

①　もんだいを　書《か》く　ほそ長《なが》い　紙《かみ》

②　サインペン

❖ゲームの　やりかた

先生《せんせい》：なにが　どうした　と　いう　文《ぶん》を　書いた　紙が　あります。これから、一ばん　上《うえ》の　字《じ》だけを　見《み》せますから、どんな文か　あててください。

赤《あか》と　白《しろ》と、かわりばんこに　言《い》って、早《はや》く　あてたほうが　かちです。

では、一ばん　上の　字を　見ましょう。「か」です。

たろう(赤)：かぜが　ふいた。
よしお(白)：かえるが　およいだ。
はなこ(赤)：かきの　みが　おちた。
ふみよ(白)：かぐやひめが　月《つき》へ　かえった。
けんじ(赤)：かいじゅうが……ええと……かいじゅうが……あばれた。
先生：なかなか　出《で》てきませんね。ほかに、**「か」**の　つく　ことばは？
まさお(白)：火山《かざん》が　ふんかした。
あきこ(赤)：からすが　とんだ。
先生：おしい！　〝とんだ〟では　ありません。
きぬえ(白)：からすが、えさを　つついた。
先生：ざんねん。もう　ちょっと！
たろう：わかった！　からすが　ないた　だ。
先生：ピンポン！　正《せい》かいです。おめでとう。

なにが　どんなだ　でも　やってみよう。

はな火は　きれい。
はたけは　ひろい。
はとは　かわいい。
ハムは　おいしい。
はねぶとんは　かるい。

●文字構造　二年

32 絵《え》ときかん字《じ》

【先生・お母さんへ】漢字のほとんどが、前に習ったやさしい文字、具体的な意味をもつ部分の組み合わせでできていることに気づかせ、誤記や誤読を防ぎましょう。

❖絵ときかん字

この絵は　どんな　かん字を
あらわしていますか？

⇩

森

そうです。木《き》が　三本《ぼん》
あるから　「森《もり》」ですね。

おなじように　絵を　ヒ
ントにして　どんな　かん
字に　なるか　あててみま
しょう。

①

②

③

④

⑤

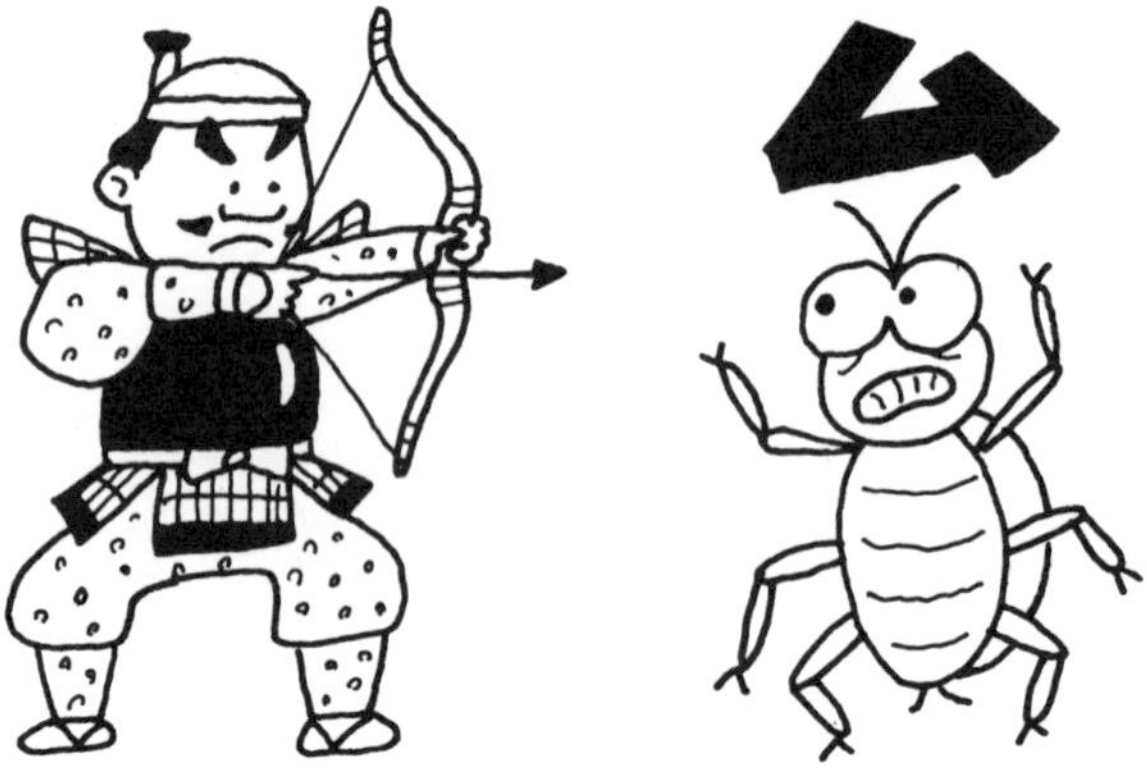

⑥

こたえ

①…回《かい》（大きな　口と　小さな　口で）

②…右《みぎ》（ナと　口で）

③…東《ひがし》（木に　日が　かさなって）

④…秋《あき》（ノと　木と　火で）

⑤…強《つよ》（い）（弓《ゆみ》と　ムと　虫で）

⑥…朝《あさ》（十と　日と　十、それに　月を　書くと）

❖どうぶつなぞなぞ

こたえは　下《した》の　かこみの　中《なか》から　えらんでね。

① いま　来《き》たばかりなのに、田《た》んぼの　おうちが　こいしくて、すぐ　『さよなら』したがる　生《い》きものは？

② こわい　顔《かお》なのに、よわむしで　いつも　ふるえているものは？

③ かぜを　ひいても　いないのに、いつも　せきを　しているのは？

④ 上《うえ》から　よんでも　下から　よんでも、同《おな》じ　名《な》まえのとりは？

⑤ せいたかのっぽで、足《あし》が　長《なが》くて、すべって　ころんでいる　とりは？

⑥ いつも　出《で》かけて、す・を　からっぽに　しているのは？

⑦ のろのろ　歩《ある》くが、いつも　家《いえ》を　かついでいく　力《ちから》もちは？

㋐	からす
㋑	きつね
㋒	ブルドッグ
㋓	つる
㋔	かえる
㋕	かたつむり
㋖	きつつき

こたえ　①…㋔　②…㋒　③…㋑　④…㋖　⑤…㋓　⑥…㋐　⑦…㋕

●話しことば　一、二年

33 「おなじひらがなうた」つくりゲーム

【先生・お母さんへ】きまった頭音を用いていろいろな語を選び、組み合わせる遊びで、語いを増すとともに詩作への興味を持たせることをねらっています。

❖ようい する もの

いろいろな ひらがなカード

❖ゲームの やりかた

先生《せんせい》：ひらがなを 書《か》いた カードが いろいろ ありますね。この 中《なか》から、どれでも すきな カードを 一まい とります。とったら、この ひらがなを ことばの 頭《あたま》に つかって、うたを 作《つく》って ください。たとえば、「あ」の カードで 作ると、

(あ)さだよ (あ)さひが (あ)かるいな

こんなふうに、おなじ ひらがなを、うたの ことばの 頭に、三かい つかっ

て　作りましょう。列《れつ》で　きょうそうします。早《はや》く　五人《にん》　できた　列が　ゆうしょうです。

みちこ：はい、では、「つ」で　春《はる》の　うたを　作ります。**♬つんつん　つきでた　つくしんぼ♬**

よしお：ぼくは、「い」で　作ります。**♬いつも　いっしょだ　いちろうくん♬**　なかよしの　うたです。

きぬえ：わたしは、しゃせいの　うた。「え」の　カードで　作ります。**♬えんぴつと　えのぐで　絵を　かこう♬**

たろう：**♬おーいと　大《おお》ごえ　おとうさん♬**　「お」の　カードです。

ひろゆき：あっ、地《じ》しんだ。

みんな：ほんとだ。こわいよ。（など、がやがや……）

ひろゆき：できた。地しんのうた。**♬ゆらゆら　ゆっくり　ゆれている♬**

みんな：うまく　できたね。パチパチ……（はく手《しゅ》）

●接続語　二年

34 ほらふきはかせの　ぼうけん

【先生・お母さんへ】文と文を結ぶ接続詞の機能を理解させます。読み物などで注意をむけさせたり、日記や作文を書くとき、適切な使い方をさせてください。

❖ほらおふくぞうはかせの　「ほらふき話《ばなし》」

ほらおふくぞうはかせが　アフリカの　ジャングルで　たいけんした　スリル満点《まんてん》の　話を　聞《き》かせて　くれます。①～⑥の　話の　□の　中に　文と　文を　つなぐ　ことばを　いれて　ください。つぎの　中から　えらぶんだよ。

そこで　だから　すると　しかし　それとも　おまけに　ところが　ところで

あるとき、わしは　たった　一人で　ジャングルの　中を　歩《ある》いていた。

① □「ウォーッ」と　おそろしい　うなり声《ごえ》が　して、目の　前《まえ》に　いきなり、ライオンが　あらわれた。

②［　　　］わしは、手に　していた　じゅうを　ライオンに　むけ、ねらいを　さだめると　ダーンと一ぱつ　ぶっぱなした。

③［　　　］ねらいは　はずれて、たまは　ライオンに　かすりも　しなかった。

ライオンは、おこって　つめを　たて、大きな　口をかっと　あけて　とびかかってきた。食《た》べられてはたまらない！

④［　　　］わしは、じゅうを　ほうりだして　すたこら　さっさと　ジャングルの　中を　にげだした。

しばらく　行《い》くと、大きな　川の　きしに　出た。

「しめた！　川を　こえれば　ジャングルから　ぬけ出せる。」　そうすれば　ライオンも　おっては　こられまい。

わしは、川を　わたろうとした。

⑤　　　はしが　どこにも　ないんだ。
川の　水は　ながれが　はやい。
⑥　　　川の　中には　大きな　わにが　うようよ　している！　これでは、
とても、およいで　いけない。ぜったいぜつめいとは　この　ことだ。
後《うし》ろには　おそろしい　ライオン。前には　わにの　いる　川。もどって　ライオ
ンと　たたかうか。
⑦　　　思《おも》い切《き》って　川へ　とびこみ、わにと　きょうそうして　およぐか。
⑧　　　もし、きみたちなら　こんなとき　どうするかね？

こたえ
①…すると　②…そこで　③…しかし
④…だから　⑤…ところが　⑥…おまけ
に　⑦…それとも　⑧…ところで

❖つなぎことばの　いろいろ

文を　つなぐ　ことばを　おぼえましょう。

一生けんめい
おさらいした。

そのまま
つなぎ
↓
だから　それで
すると　そして
↓
ばんざい
百点《てん》だ！

はんたい
つなぎ
↓
けれども　でも
しかし　だが
↓
テストは
しっぱい…

〈その　ほかの　つなぎことば〉

つけたすとき	えらぶとき	話を　かえるとき
それに そのうえ さらに　おまけに	それとも あるいは または	ところで ときに さて　では

❖つなぎことばクイズ①

上から　下に　つづくように　するには、㋐と　㋑の　どちらを　えらびますか？

① ドアを　ノックした。

㋐ けれど
㋑ すると

→へんじが　あった。

② ろうそくに　火を　つけた。

㋐ そこで
㋑ しかし

→すぐ　火は　きえた。

③ ねつが　ある。

㋐ それで
㋑ ところが

→学校を　やすんだ。

④ 風《かぜ》が　強《つよ》い　日だ。

㋐ そのうえ
㋑ または

→雨も　ふってきた。

⑤ ラーメンを　食べようかな。

㋐ それとも
㋑ ところで

→おそばを　食べようかな。

こたえ

①…㋑　②…㋑　③…㋐　④…㋐　⑤…㋐

❖つなぎことばクイズ②

①〜④は　ケンちゃんの　じこしょうかいです。どちらの　つなぎことばを　つかえば　よいでしょう。

ぼくは
クラスで
一ばん
スポーツが
とくいだよ。

①［しかし／たとえば］やきゅうなら　三回《かい》に　一回は　ホームランが　うてるよ。

②［おまけに／ところが］サッカーも　マラソンも　とくいだ。

③［けれど／だから］体《たい》いくの　時間《じかん》は　とても　はりきって　いるんだ。

④［でも／それで］算数《さんすう》と　音楽《おんがく》は　ちょっと、にがてだなあ。

こたえ

①…たとえば
②…おまけに
③…だから
④…でも

●文の読みとり　二年

35 ようかい・おばけ　みんなあつまれ

【先生・お母さんへ】要素を含んだ文を読み、示すものを当てたり、足りないものや違うものを考えさせ、内容を正確に見落しなく読みとることをねらったクイズです。

❖かいだん「のっぺらぼう」

山の　ふもとの　茶店《ちゃみせ》で、ひげの　はえた　強《つよ》そうな　さむらいが　休んでいました。

「すると、この　先に　わるい　きつねが　出て、たび人を　だますと　いうのか。」

「はい、今《いま》までに、ずいぶん　大ぜいの　たびの　人が　だまされました。まんじゅうだと　いって　馬《うま》の　ふんを　食《た》べさせ①られたり、おふろと　いって　どぶの　中に　入れられたり、それは　ひどいめに　あっております。もうすぐ　日が　くれます。くらくなってからの　山ごえは　やめたほうが　ようございますよ。」

「なんの　わしは　天下の　ごうけつだ。②きつねなんぞ　出てきたら　ゆびの　先で　ちょいちょいと　ひねりつぶしてやるわ。」

　さむらいは　茶店の　おやじが　とめるのも　聞《き》かず、山道《みち》を　のぼって　いきました。

　少《すこ》し　行《い》くと、先の　方《ほう》に　あかりが　見えます。よく　見ると、男と　女の　二人づれが　道ばたに　立って　いました。

　男は　せなかに　にもつを　せおい、女は　ちょうちんを　手に　もって　いました。どうやら、山道を　やって来《き》たものの、こわくて　先へ　行けなくなったようです。

　さむらいは、二人に　近《ちか》づきました。すると、二人は　ほっとしたように、

「おさむらいさま、どうか　道づれに　なって　くださいまし。おねがいで　ございます。」

と　いいました。

「よしよし、こわがることは　ない。わしに　ついて　来《く》るが　いい。」

さむらいは、そういって　先に立って　歩《ある》き出しました。

とうげを　こえた　ところに、まつの木が　はえていて　そのねもとに　おじぞうさまが　立っていました。そこまで　来ると、二人の　たび人は　ほっとしたようすで、

「ありがとうございました」

と、れいを　いいました。

「なんの、なんの。きつねの　やつめ、わしが強いのを　知《し》って、とうとう　すがたを　見せなかったわい。出てくれれば、つかまえて、ひとひね

③

りにして　やるものを……。」

さむらいは、そういって　わらいました。

「いいえ、いいえ。きつねは　出ております。」

女が　いいました。

「なに、きつねが　いると？」

「はい、おりますとも。ちゃんと　おります。」

こんどは、男が　答《こた》えました。

「どこに？　どこに　いると　いうのじゃ。」

「ここに　おります。」

そういうと、男と　女は　さむらいの　方を　むきました。

その顔は、のっぺらぼうで、目も　鼻《はな》も　口も　ありません。

「ひゃっ！　出たあ！」

さむらいは、こしを　ぬかして、その場《ば》に　すわりこんで　しまいました。

たびの　男と　女は　二ひきの　きつねに　なって、にげていきました。（おわり）

④

こわい　お話だったね。みんな　ゾーッと　したでしょう。ところで、①〜④の　さし絵《え》には　それぞれ　文と　ちがう　ところが　あります（③は二つ）。どこが　ちがうか　もういちど　文を　読みなおして、あててごらん。

こたえ

①と④…「ひげの　はえた　強そうな　さむらい」なのに　ひげが　ない。

②…「男が　にもつ、女が　ちょうちん」なのに　絵は　はんたい。

③…「おじぞうさま」と　あるのに、絵は、道しるべ。
「目も　鼻も　口も　ない　のっぺらぼう」なのに　絵には　口が　ついている。

❖おばけなぞなぞ

①　にげても　にげても、どこまでも　ついてくる　黒《くろ》い　ものは？

②　家《いえ》の　出入り口に　すむ、目が　三つで　はが　二本　なあに？

③　聞くと　こわいけど、二かいへ　いくのに　べんりな　ものは？

④　雨が　ふると　あらわれる　ほねと　かわだけの　一本足の　ものは？

⑤　ほそい　からだで　足が　一本、目が　一つ。正体《しょうたい》は？

⑥　夜《よる》、ふとんに　はいったら、口から　くびが　出た。どんな　くび？

⑦　町の　かどに　立っていて、二つの　口から　食べた　ものを　おなかから　出す　ものは？

⑧　夜、目を　あいていると　見えなくて、目を　つぶると　見えてくる　もの　なあに？

こたえ

①…かげ　②…げた　③…かいだん　④…かさ　⑤…はり　⑥…あくび　⑦…ポスト

⑧…ゆめ

●形容詞・副詞・比喩　二年

36 いたちこぞう、ご用《よう》だ！

【先生・お母さんへ】様子を表すことばをそえると、文がくわしく豊かになることをわからせ、作文力を伸ばしましょう。適切な言いまわしを多く覚えさせます。

❖いたちこぞう、ご用だ！

金もちの　くらを　あらす　どろぼう「いたちこぞう」を　おって、とりなわの　名人「早なげ　三ぺい」が、大かつやく。①〜⑰までの［　］の　○の　中に　ひらがなを　入れて　ようすことばを　作《つく》りましょう。

れい

ま夜《よ》中《なか》に　［ⓒっそり］　しのびこむ　いたちこぞう。
↓

①　ばんとうの目の　前《まえ》で、かたなを
↓
［○らり］

②　おどされた　ばんとうは、こわくて
↓
［○る○る］

③ くらに しのびこめば
こばんが ○く○く。

↓

④ ついでに だいどころ
で はらごしらえだ。
○しゃ○しゃ。

↓

⑤ 用が すんだら
○っと と にげだ
せ。

⑥ 千りょうばこを とら
れ あるじは ○っかり

↓

⑦ 店《みせ》の みんなは おど
ろいて ○ろ○ろ する↓
ばかり。

⑧ つぎの 日 早なげ
三ぺいが ○っと
かげから 見ていると

⑨ にがお絵《え》に ○っくり
の 男が やってきた。

↓

⑩ ○っ と なげた と
くいの なげなわ！

⑪ でも いたちこぞう
は ○っつり なわを
切《き》る。

⑫ ○らり と やねに
とびあがり、

↓

⑬ ○ろり と した
を 出して 「ここ
まで おいでー。」
↓

⑭ ところが 足が ○るり
と すべり

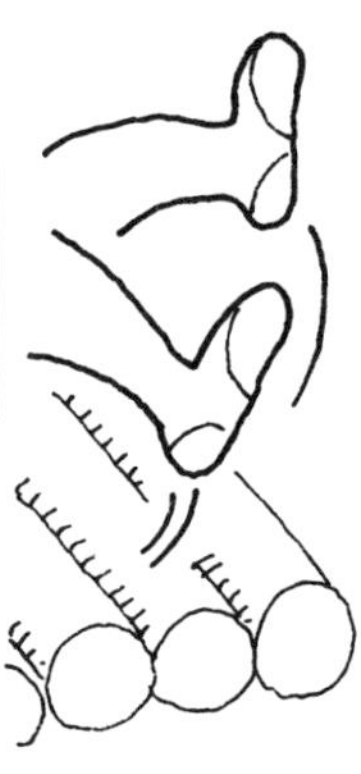

⑮ やねの 上から
○ろ○ろ どしん！↓

⑯ ほら、 ○っかり
しろよ、と 三ぺい↓

⑰ ○っと いたちこぞう
を つかまえた！

こたえ

①…き ②…ぶ ③…ざ ④…む ⑤…と ⑥…が ⑦…お(う) ⑧…そ ⑨…そ

⑩…ぱ ⑪…ぷ ⑫…ひ ⑬…ぺ ⑭…つ ⑮…ご(こ) ⑯…し ⑰…や

❖ようすことばクイズ

①～⑩の　ようすことばと　つながる　ものを　下の　あ～さから　えらびましょう。

① かわいい
② おいしい
③ つめたい
④ うつくしい
⑤ いさましい
⑥ えらい
⑦ いそがしい
⑧ おもしろい
⑨ うれしい
⑩ くるしい
⑪ のろい

あ こおり
い 子犬
う だんご
え 先生
お 花
か とうぎゅうし
き まんが
く しごと
け かたつむり
こ プレゼント
さ マラソン

こたえ

①…い　②…う　③…あ　④…お　⑤…か　⑥…え　⑦…く　⑧…き　⑨…こ
⑩…さ　⑪…け

❖「なんのよう」かな？　クイズ

ようすを　あらわすとき、「……のような」と、ほかの　ものを　たとえに　出すと　わかりやすく　なります。

たとえば「石のように　かたい　おもち」と　いえば、古《ふる》くなって　かちかちに　なった　おもちの　ようすが　よく　わかりますね。このように　□　に　はいる　たとえを　(あ)～(か)から　えらんでみましょう。

①□のように　つめたい　風《かぜ》
②□のように　こわい　おやくにん
③□のように　かわいい　女の子
④□のように　大きな　なみ
⑤□のように　はやい　なげなわ
⑥□のように　やせた　おじいさん

(あ)　人形《にんぎょう》
(い)　こおり
(う)　山
(え)　おに
(お)　や
(か)　がいこつ

こたえ

①…(い)　②…(え)　③…(あ)　④…(う)　⑤…(お)　⑥…(か)

❖ごうとうはんにんの　顔《かお》

つぎの　たとえことばを　もとに　わるい　どろぼうの　にがお絵《え》を　かいてみよう。

①鳥《とり》の　すのような　かみの毛《け》　②けむしのような　まゆ毛

③わしの　ように　するどい　目　④だんごのように　まるい　鼻《はな》

⑤への字に　むすんだ　口

●話しことば　一、二年

37 すきか・きらいかゲーム

【先生・お母さんへ】ヒントを聞いて想像力を働かせたり、理由を挙げて説明したり、質疑応答の技能を、楽しいゲームを通して伸ばします。

❖よういする　もの

①　人数《にんずう》ぶんの　画用紙《がようし》

②　クレヨン、サインペンなど、絵《え》を　かく　どうぐ。

❖ゲームの　やりかた

・やる人たちが　あつまったら、赤と　白の　二組に　わかれます。

・みんなに　画用紙を　くばります。クレヨンなどで　なんでも　すきな　しなもの　の　絵を　かきます。絵は、ほかの人に　見られないように　します。

・みんなが　かけたら、ゲームの　はじまりです。さいしょに　赤組が　もんだいを　出して、白組が　こたえます。

・赤組の　よしこさんが、画用紙を　うらにして　見せながら、白組の　まさおくん

に　聞《き》きます。

よしこ：まさおくんに　聞きます。この　画用紙の　うらに　かいてある　ものを

あなたは　すきですか。きらいですか。

まさお：それは、どんな　ものですか。

よしこ：白くて　つめたい　ものです。

まさお：（わかった、アイスクリームだな。）はい、大すきです。

よしこ：どうして　すきなんですか。

まさお：あまくて　おいしいから。

よしこ：あまくて　おいしいから　すきなんですね。

それでは、絵を　見せましょう。

よしこさんが、画用紙を　うらがえして　かいてある　絵を　見せました。

よしこ：雪《ゆき》だるまでした。

みんな：あははは。

まさお：ようし、こんどは、こちらが　もんだいを　出すぞ。

38 ことばいろいろクイズ

●多義語・同義語・数詞・動詞・指示語・敬語　一・二年

【先生・お母さんへ】一、二年の国語学習で扱われる様々な言語事項をまとめてクイズにしました。これをもとに、関連した材料での読み書き練習を重ねましょう。

❖いみの　たくさんある　ことば

「かく」と　いう　ことばは、いろんな　いみに　つかわれて　いますね。たとえば、「頭《あたま》を　かく」「あせを　かく」「いびきを　かく」……そのほかにも　「字を　かく」「あぐらを　かく」「はじを　かく」など　たくさん　あります。

そこで　もんだい。つぎの　三つの　文に、おなじように　つかえる　ことばを　あてて　ください。

①「写真《しゃしん》を　○○」「すもうを　○○」「一とうしょうを　○○」

②「かぜを　○○」「バイオリンを　○○」「つなを　○○」

③「ピストルを　○○」「ちゅうしゃを　○○」「ヒットを　○○」

④「ハイ！　と　手を　○○○」「プレゼントを　○○○」「てんぷらを　○○○」

⑤「たねを　○○」「ねじを　○○」「ほうたいを　○○」

⑥「ふとんを　○○○」「2と3を　○○○」「でんわを　○○○」

こたえ

①…とる　②…ひく　③…うつ　④…あげる　⑤…まく　⑥…かける

❖おなじ　いみの　ことば

ふねの　ことばと　おなじ　いみの　ことばの　魚《さかな》を　つりあげてね。

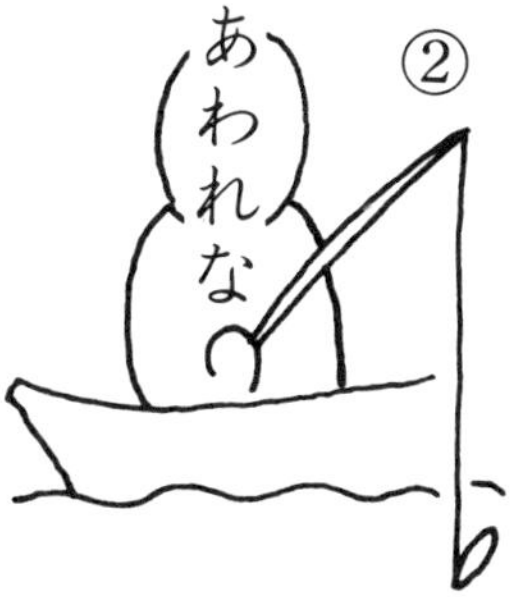

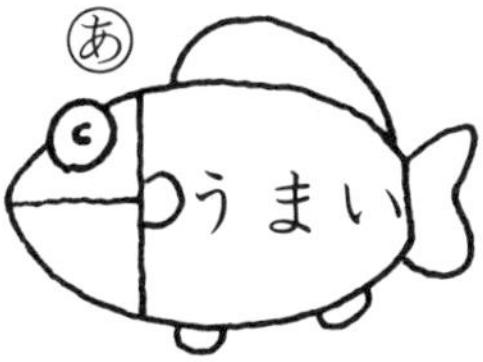

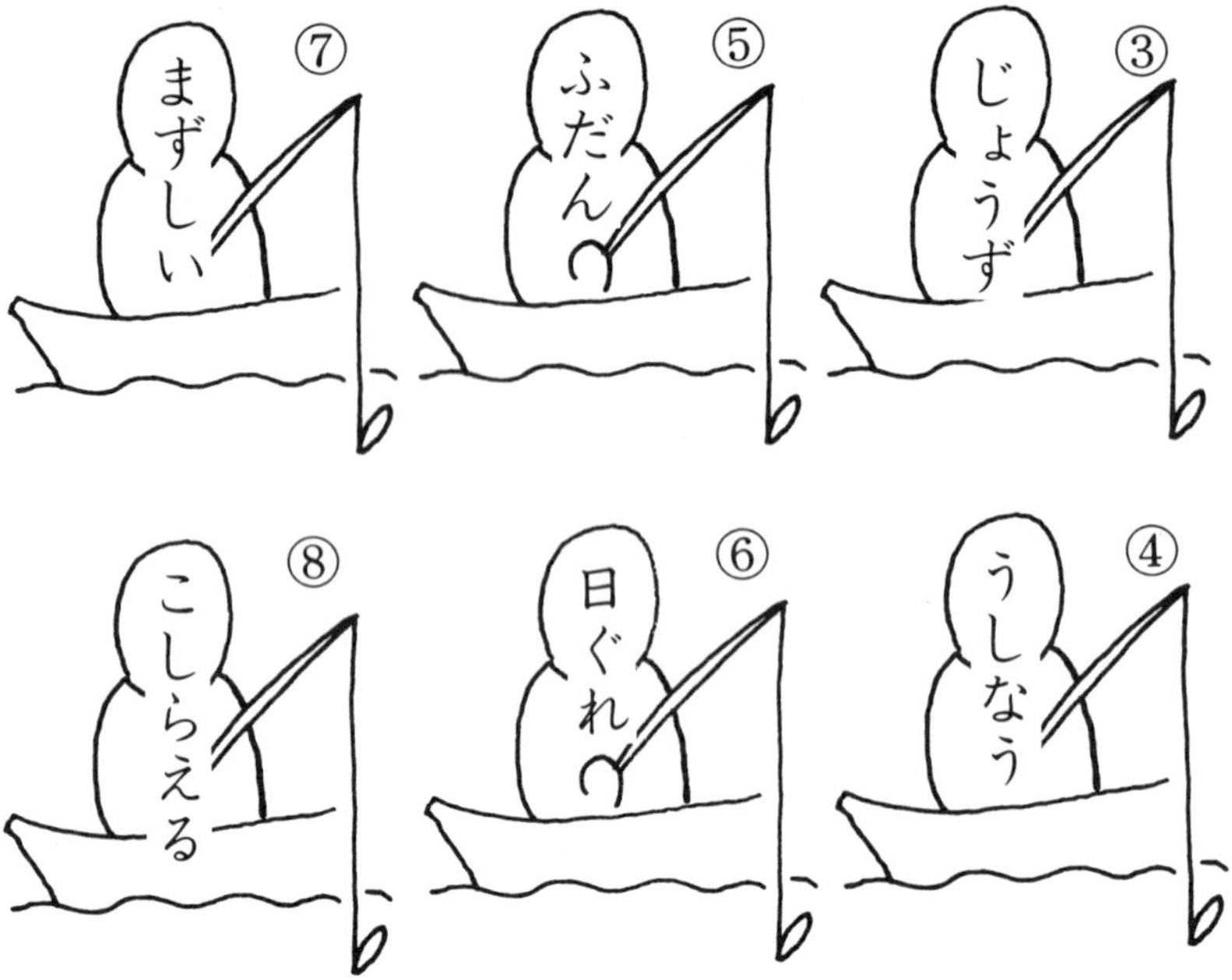
③
じょうず
⑤
ふだん
⑦
まずしい
④
うしなう
⑥
日ぐれ
⑧
こしらえる

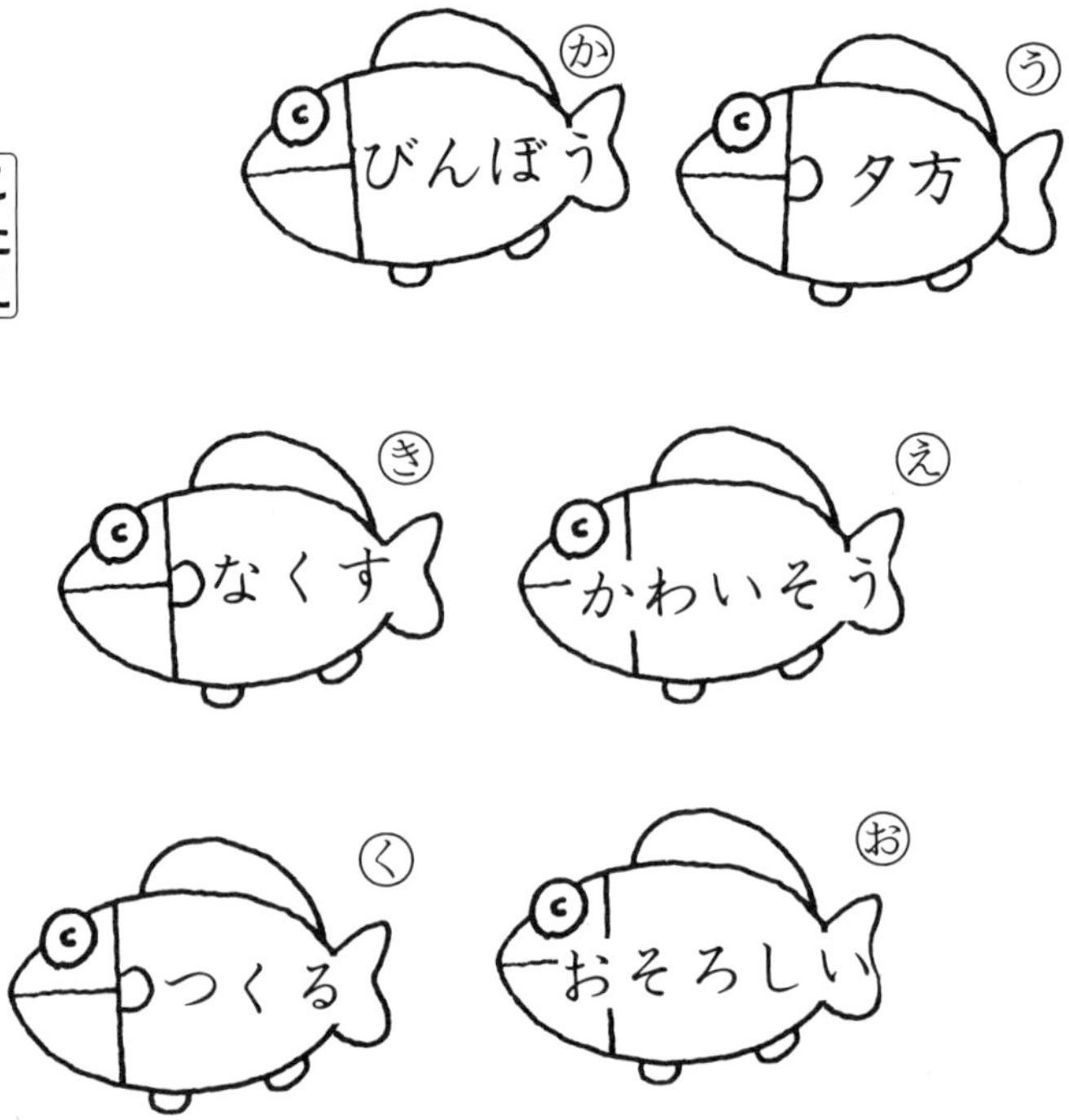
か
びんぼう
う
夕方
き
なくす
え
かわいそう
く
つくる
お
おそろしい

こたえ

①…お
②…え
③…あ
④…き
⑤…い
⑥…う
⑦…か
⑧…く

❖かぞえる　ことば

①〜⑪までの　ものを　かぞえるときは、どんな　かぞえ方《かた》を　しますか。あ〜さの中から　えらびましょう。それぞれ　一つずつと　かんがえてください。

① くつ下　② 本　③ てがみ、はがき　④ ようふく　⑤ ひこうき
⑥ いす、つくえ　⑦ 花　⑧ ほうちょう　⑨ じどうしゃ　⑩ 牛　⑪ ふね

ⓐ…一ちゃく　ⓘ…一りん　ⓤ…一とう　ⓔ…一通《つう》　ⓞ…一そう（一せき）
ⓚ…一足《そく》　ⓚⓘ…一き　ⓚⓤ…一ちょう　ⓚⓔ…一きゃく　ⓚⓞ…一さつ　ⓢⓐ…一台《だい》

こたえ

①…か　②…こ　③…え　④…あ　⑤…き　⑥…け　⑦…い　⑧…く　⑨…さ
⑩…う　⑪…お

❖うごきの　ことば

□の　中に　あてはまる　うごきの　ことばを、下の　かこみの　中から　えらびましょう。

①　はしを□　②　ぼうしを□
③　さかなが□　④　木に□
⑤　ボールを□　⑥　歯《は》を□
⑦　まどを□　⑧　はさみで□
⑨　こまを□　⑩　おかしを□
⑪　夕日が□

㋐…のぼる	㋑…みがく
㋒…かぶる	㋓…あける
㋔…なげる	㋕…およぐ
㋖…たべる	㋗…まわす
㋘…きる	㋙…わたる
㋚…しずむ	

こたえ

①…㋙　②…㋒　③…㋕　④…㋐　⑤…㋔　⑥…㋑　⑦…㋓　⑧…㋘　⑨…㋗
⑩…㋖　⑪…㋚

❖さししめす ことば

ものや 場《ば》しょ ようすなどを あらわすには、「これ」「そこ」「あちら」などの ことばを つかいます。ふきだしの □の 中に あう ことばを 入れましょう。

①
□ぼうしを買おうかな
②
□ぼうしはいくら？
③
□ぼうしはいくら？
④
□ぼうしをください。

この…話《はな》している 人に 近《ちか》い ものを さす
その…じぶんより あいてに 近いとき
あの…両方《りょうほう》から 遠《とお》いとき
どの…たくさんの 中から 一つ えらぶとき

こたえ ①…どの ②…その ③…あの ④…この

「さししめす　ことば」は　ほかにも　たくさん　あります。

もの	これ　この	それ　その	あれ　あの	どれ　どの
ばしょ	ここ	そこ	あそこ	どこ
むき	こちら	そちら	あちら	どちら
ようす	こう　こんな	そう　そんな	ああ　あんな	どう　どんな

❖ていねいことばクイズ

①　次の　(あ)〜(え)のうち　どれが　王《おお》さまで　どれが　けらいの　ことばですか。

(あ)　「森へ　かりに　でかけるぞ。」

(い)　「わたしも　おとも　いたしましょう。」

(う)　「早く　したくを　いたせよ。」

(え)　「ははっ、かしこまりました。」

②　次の　(あ)〜(え)のうち、いちばん　ていねいな　ことばづかいは　どれでしょう。

(あ)「森へ　いくなら、ぼくが　みちを　しって　いますから、おしえて　あげましょう」

(い)「森へ　いくなら、おれが　みちを　しって　いるから、おしえて　やろう。」

(う)「森へ　いらっしゃるなら、わたしが　みちを　ぞんじて　おりますので、おしえて　さしあげましょう。」

③ 絵《え》と　あう　ことばを　せんで　むすびましょう。

(あ)

もうしあげる

うかがう

㋑ ごらんになる　はいけんする

㋒ いただく　さしあげる

こたえ

① けらい…㋑、㋓　王さま…㋐、㋒　② ㋒（㋒—㋐—㋑の　じゅんに　ていねい）

③ ㋐ ×　㋑ 二　㋒ ×

著者紹介

田中清之助

昭和21年慶應義塾大学卒業後，慶應義塾幼稚舎（同大学初等科）に奉職。

慶應大学児童文化研究会顧問，日本児童演劇協会幹事，小学校国語教科書編纂委員を歴任。

昭和61年東京都教育功労者，昭和62年文部大臣表彰を受ける。

著書：『国語がすきになる５分間話』『教室で・家庭でできる漢字学習＆クイズ（全３巻）』（黎明書房），『楽しい国語１～６年』『漢字に強くなる１～４年』（実業之日本社），学校劇脚本，教育評論等の著作多数。

イラスト：品川昭夫

子《こ》どもの喜《よろこ》ぶ国語《こくご》クイズ＆パズル＆ゲーム 〈低学年《ていがくねん》〉

2007年３月15日　初版発行

著　者　田《た》 中《なか》 清《せい》 之《の》 助《すけ》
発行者　武 馬 久 仁 裕
印　刷　株式会社　チューエツ
製　本　株式会社　チューエツ

発行所　株式会社　黎《れい》 明《めい》 書《しょ》 房《ぼう》
〒460-0002 名古屋市中区丸の内3-6-27　ＥＢＳビル
☎052-962-3045　FAX052-951-9065　振替・00880-1-59001
〒101-0051 東京連絡所・千代田区神田神保町1-32-2
南部ビル302号　☎03-3268-3470

落丁本・乱丁本はお取替します。　ISBN978-4-654-01777-5